HAYMON taschenbuch 100

W0241162

Auflage:
4 3 2 1
2016 2015 2014 2013

HAYMON tb 100

Ungekürzte Taschenbuchausgabe
Haymon Taschenbuch, Innsbruck-Wien 2013
www.haymonverlag.at

© 2009 Residenz Verlag
im Niederösterreichischen Pressehaus
Druck- und Verlagsgesellschaft mbH
St. Pölten – Salzburg

Alle Rechte vorbehalten. Kein Teil des Werkes darf in irgendeiner Form (Druck, Fotokopie, Mikrofilm oder in einem anderen Verfahren) ohne schriftliche Genehmigung des Verlages reproduziert oder unter Verwendung elektronischer Systeme verarbeitet, vervielfältigt oder verbreitet werden.

ISBN 978-3-85218-900-0

Umschlag- und Buchgestaltung, Satz:
hœretzeder grafische gestaltung, Scheffau/Tirol
Coverbild: Carlo Bossoli – Battle of Solferino
Autorenfoto: www.fotowerk-aichner.at

Gedruckt auf umweltfreundlichem,
chlor- und säurefrei gebleichtem Papier.

Ulrich Ladurner

Solferino

Kleine Geschichte
eines großen Schauplatzes

Ulrich Ladurner
Solferino

Für Peter, Peter, Lilli und Julius

Inhalt

Zu diesem Buch

Solferino ist ein kleiner Ort in der Lombardei. Er liegt in einer idyllischen Hügellandschaft, wenige Kilometer vom Gardasee entfernt.

Während ich dieses Buch schrieb, habe ich immer wieder Freunde gefragt: „Sagt dir Solferino etwas?" Die Österreicher unter ihnen antworteten: „Klar, Joseph Roth, Radetzkymarsch! Leutnant Trotta rettet in Solferino Kaiser Franz Joseph das Leben und wird für diese Tat geadelt." Die Italiener sagten: „Solferino? Das war eine entscheidende Etappe auf dem Weg zur Einigung Italiens." Die Schweizer schauten mich etwas erstaunt an, so selbstverständlich schien ihnen die Antwort: „Die Schlacht von Solferino. Henry Dunant, das Rote Kreuz!"

1859 stießen in Solferino habsburgische Truppen auf die Piemontesen und die mit ihnen verbündeten Franzosen. Es kam zu einer grausamen Schlacht, bei der Tausende Soldaten ihr Leben ließen. Die Österreicher mussten sich geschlagen zurückziehen und die Lombardei den Piemontesen überlassen. Solferino war für den damals neunundzwanzigjährigen Kaiser Franz Joseph eine bittere Niederlage. Sie markierte den Beginn eines sich über Jahrzehnte hinziehenden Abstiegs der Monarchie. Joseph Roths „Radetzykmarsch" beginnt in Solferino und endet mit dem Zerfall des Kaiserreiches. Es ist ein Roman über die endlos lange Agonie der Habsburgermonarchie. Für die Italiener hingegen war Solferino der Beginn eines neuen

Zeitalters. Hier stießen sie das Tor zur Freiheit auf. Wenige Jahre nach der Schlacht war Italien geeint. Für die Menschheit war Solferino – oder besser: waren die Folgen der Schlacht – von unschätzbarer Bedeutung. Das Gemetzel an diesem kleinen Ort führte zur Gründung des Roten Kreuzes und zur Genfer Konvention, den ersten Schritten des internationalen Menschenrechts.

Es gibt also viele gute Gründe, über Solferino zu schreiben. Den entscheidenden Anstoß aber gab mir mein Urgroßvater. Er war Soldat in Solferino und schrieb darüber ein Tagebuch. Seine Aufzeichnungen haben mich inspiriert. Dieses Buch ist kein wissenschaftliches Werk. Es ist auch kein Geschichtsbuch. Wenn man es schon einordnen möchte, dann ist es eine historische Reisereportage. Ich habe das Schlachtfeld von Solferino mit dem Tagebuch meines Urgroßvaters in der Hand abgeschritten. Je weiter ich kam, je tiefer ich in die Materie eintauchte, desto lebendiger wurde er. Er stand vor mir in seinem Waffenrock, verschwitzt vom vielen Marschieren in der glühenden Hitze eines italienischen Sommers, mit vom Weingenuss geröteten Backen, fröhlich und übermütig, wie es sich für einen Fünfundzwanzigjährigen gehört; mit entsetzten Augen, die zu viele Tote und zu viel Schmerz gesehen haben. Und so, wie er mir erschien, fanden auch die anderen Teilnehmer an der Schlacht wieder ins Leben zurück – für den langen Moment dieses Buches.

Hamburg, im Mai 2009

Die Truhe

Mein Vater war der Meinung, dass man die Menschen nur verstehen kann, wenn man ihre Geschichte kennt. Trotzdem war er kein Leser. Das Regal in unserem Wohnzimmer bot zwei Metern Büchern Platz, davon nahm ein ehrwürdiger Herder Weltatlas den größten Teil ein, den Rest füllte Konsalik aus. Vater musste das Lexikon meist zweimal im Jahr konsultieren, zu Weihnachten und zu Ostern. Bei diesen Anlässen traf sich die Familie, und mit schöner Regelmäßigkeit entbrannte am Küchentisch Streit über irgendein Ereignis, eine Person oder ein Datum. Jeder wusste es natürlich besser, bis mein Vater das Lexikon mit den Worten in die Hand nahm: „Hören wir, was der Schiedsrichter sagt!" Er blätterte sorgfältig in den schon etwas vergilbten Seiten und verkündete schließlich den Schiedsspruch, den wir alle ohne Widerrede akzeptierten. Zu mehr gebrauchte er Bücher nicht. Trotz seines Wissenshungers blieben sie ihm fremd. Seine Kenntnisse über die Geschichte bezog er von den Menschen. Er redete mit allen, die er traf. Keiner war ihm zu gering. Bei jedem glaubte er, wenn man nur tief genug grabe, könne man einen Schatz finden.

Woher kommst du? Das war immer die erste Frage, die er stellte. War sein Gesprächspartner auskunftsfreudig, schob er so lange Fragen nach, bis er auf das gestoßen war, was ihm wertvoll erschien. Dabei handelte es sich oft um die unscheinbarsten Dinge, die Tatsache zum Beispiel, dass ein Mensch in der italienischen Poebene aufgewachsen war, die im Winter vom dicksten Nebel bedeckt war, den man sich nur vorstellen konnte. Daraus entwickelte er Theorien über die Mentalität dieses Menschen, was freilich auch dazu führte, dass sich bei ihm Vorurteile verfestigten, die allerdings nie bösartiger Natur waren, sondern eher dazu dienten, ihn selbst durch die Welt zu geleiten, die ihm unübersichtlich schien wie ein vielversprechendes Labyrinth. Er besaß den staunenden Blick eines Kindes.

Doch wollte er nicht nur von den Menschen Antworten haben, sondern auch von den Dingen. Leidenschaftlich durchstöberte er Supermärkte, Geschäfte und Läden, nahm dabei die Waren in die Hand und studierte die Herkunftsbezeichnung. Nichts war für ihn wichtiger, als zu erfahren, wo etwas hergestellt, gewachsen oder verpackt worden war. Er begriff die Welt auf diese sehr handgreifliche Weise.

Er hatte es nicht so geplant, doch, glaube ich, ist es kein Zufall, dass er im Import-Export-Geschäft gelandet ist. Durch seine Hände gingen Bananen aus Ecuador, Gurken aus Südafrika, Salate aus Rumänien, Artischocken aus Ungarn, Orangen aus Sizilien. Manchmal begab er sich selbst in diese Länder, um die Echtheit der Herkunft der zu importierenden Ware zu überprüfen. Wie ein Detektiv durchstöberte er Felder, Äcker und Lagerhallen. Immer wieder blieb er an den Geschichten der Menschen hängen, die er traf. Ob Händler, Bauer oder Lagerarbeiter, sie öffneten sich ihm, weil er das Talent besaß, in Demut zu fragen. Wenn er nach Hause kam, war sein Netz prall gefüllt mit Geschichten, die er mit großem Vergnügen an alle weitergab, die sie hören wollten.

Da er nicht die Gelegenheit hatte, sich an einer Universität eine gewisse Systematik anzueignen, haftete seinen Erkundungen etwas Zufälliges an. Seine Neugier folgte keinen Gesetzen, sie unterwarf sich nicht, blieb dilettantisch, unbändig und unerschöpflich. Ihn interessierte, worüber er gerade stolperte.

Ungefähr zehn Jahre vor seinem Tod schenkte er mir das Tagebuch meines Urgroßvaters: „Damit du weißt, woher du kommst." Ich reagierte darauf mit einem kaum verhohlenen Unwillen. Damals wollte ich mit aller Kraft meiner Familiengeschichte entkommen, weil ich ihre vermeintlich drückende Last nicht ertrug. Und was tat er? Indem er mir das Buch gab, drückte er mir meinen Herkunftsstempel in die Hand. Mir war so, als wollte er sagen: Du entkommst nicht! Doch war dieser Eindruck einer jugendlichen Phobie geschuldet, denn mein Vater tat nur, was Väter eben tun. Er gab an seine Kinder weiter, was ihm wichtig schien, und dieses Buch gehörte dazu. Ich strich mit den Fingern über den rissig gewordenen Ledereinband, dann wog ich es in der Hand. Es war leicht und klein. Staunend las ich das Jahr, in dem mein Urgroßvater es geschrieben hatte: 1859. Nach einer ersten flüchtigen Lektüre verstaute ich es in einer Truhe, die mein Vater in dem Glauben erworben hatte, dass sie sehr wertvoll sein müsse. In Wirklichkeit war sie ein zwar uraltes, aber sehr billiges Produkt. Doch er bestand starrsinnig darauf, dass es sich dabei um einen ganz und gar außergewöhnlichen Gegenstand handle, dem, wenn nicht jetzt, so doch in Zukunft, ein beträchtlicher Wert zuwachsen werde. Er plante, sie irgendwann für gutes Geld zu verkaufen. Dazu kam es nie, denn niemand wollte die Truhe, und er hat sie bei Gott oft genug angeboten. Entmutigen ließ er sich dadurch nicht. Man müsse, sagte er, halt noch ein bisschen länger warten, dann würde sich schon ein Käufer finden. Zu den Vorzügen meines Vaters gehörte, dass er sich seine Träume nicht ausreden ließ.

Ich hütete die Truhe in all den Jahren wie meinen Augapfel, weil ich meinem Vater, der sie mir zu meinem achtzehnten Geburtstag mit feierlicher Geste bis zu dem Tag ihres Verkaufes in „Verwahrung“ übergeben hatte, die Illusion nicht rauben wollte, es handle sich dabei um ein seltenes antiquarisches Stück. Mit den Jahren begann ich selbst daran zu glauben. Schließlich hatte ich viel Mühe darauf verwendet, sie zu behalten. Sie wechselte mit mir Wohnungen, Städte und Länder und niemals wäre mir der Gedanke gekommen, sie zurückzulassen, auch dann nicht, wenn ich sie keuchend und fluchend steile Treppen hochtragen musste. Ich suchte für diese Truhe immer den sichersten Ort, als sei sie ein Barren aus Gold, den ich vor Diebstahl schützen müsste. Die Täuschung, der mein Vater anheimgefallen war, entfaltete ihre Wirkung. Das Tagebuch lag in der Truhe, eingeschlagen in ein Wachstuch blieb es ungeöffnet. Ich vermied bewusst, darin zu blättern. Nicht etwa, weil ich

Den 13ten haben wir dort abgekocht
und die glänzende Sonn hat uns sehr
zurückgeschickt, denn es hat wieder wohl
gethan den weil es war ein Regen wie-
der aufgehört hat, aber wir konnten
nicht lange ausruhen es wird gleich ab-
gekocht und nach dem Essen wird geschwind
abmarschiert über Desenzano, und
über Gerola und dort haben wir ein
wenig in einem Weingarten ausgehalten
und einen Stund gewartet, den es
war sehr warm, und dann marschier-
ten wir nach Ferosa 14 Mille und
da haben wir außen den Dorf nächst bei
dem Marsch in einem Weingarten bei ein
Brunnen gleich das Lager aufzu-
schlagen, aber dieser Brunnen war

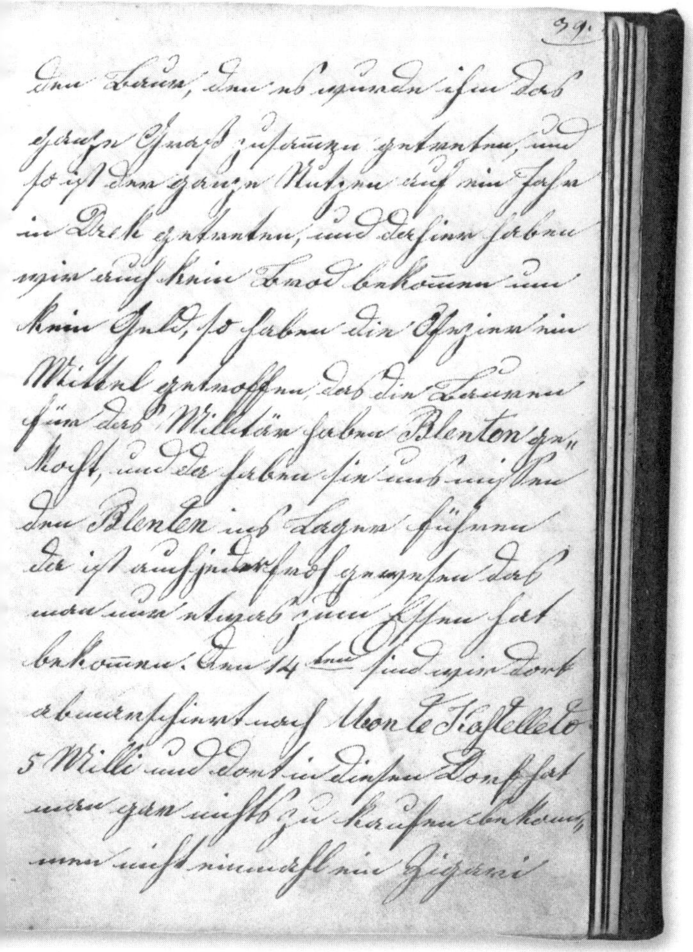

Das Tagebuch meines Urgroßvaters: Ein Zeuge, der 150 Jahre lang alle Gefahren überstanden hat und nun vor uns steht, in all seiner blutigen Unschuld.

dachte, dass die Lektüre schreckliche Geheimnisse offenbaren würde, Familientragödien oder dergleichen, sondern, ganz im Gegenteil, weil ich mir sicher war, auf diesen Seiten nichts anderem als unspektakulärer Normalität zu begegnen, dem erstickenden Staub des Alltags einer Familie, deren Mitglieder ohne großen Lärm zu erregen durch die Jahrhunderte gegangen waren.

Ich traute meinem Vater nicht. Ich verdächtigte ihn aller nur möglichen Phantastereien. Was wäre, wenn ich feststellen müsste, dass es sich mit dem Tagebuch genauso verhielt wie mit der Truhe, deren Wert ausschließlich im Kopf meines Vaters bestand? Ich hätte ihn bis auf die Knochen entblößt. Seine Würde speiste sich einzig aus seinem unveräußerlichen Recht zu träumen.

Als mich die Nachricht vom Tod meines Vaters erreichte, öffnete ich ohne langes Nachdenken die Truhe, ergriff das Tagebuch und nahm es mit in meine Geburtsstadt zu seinem Begräbnis. Erst jetzt konnte ich darin lesen. Ich musste nicht mehr fürchten, meinen Vater bloßzustellen. Kein Lebender stand mehr zwischen mir und meinem Urgroßvater. Der Weg war frei, um seine Stimme zu hören.

„Den 28ten habe ich es mit dem Losziehen verspielt und die sehr schöne Nr. 2 gezogen (...) es hat sich immer der Gedanken erinnert, nur noch eine kleine Zeit kannst du in dein Vaterland bleiben, dann musst du fort, und hin nach Italien, und der Gedanken ging auch in Erfüllung."

Das sind die ersten Zeilen des Buches. Es war Winter 1857, als er das niederschrieb. Krieg lag in der Luft. Ich beschloss, mehr als hundertfünfzig Jahre später an den Ort zu fahren, an dem das Tagebuch meines Urgroßvaters seinen grausigen Höhepunkt erreichen sollte – nach Solferino.

Das Fenster

Es ist ein heißer Junitag, mittags. Die Bewohner Solferinos haben sich vor der Glut der Sonne in ihre Häuser geflüchtet. Die Straßen sind leer gefegt. Es ist still. Nur ab und an ist der Lärm eines Autos zu hören, das auf der Hauptstraße nach Castiglione delle Stiviere fährt. Ich gehe die Gasse zum Schloss empor, vorbei an den stummen Fassaden des Dorfes. Mein Hemd ist nass vom Schweiß. Obwohl ich einen Hut trage, dröhnt mein Kopf. Mein Atem geht schwer. Ich möchte gerne stehen bleiben, um mich auszuruhen, aber die Gasse ist heiß wie eine Backröhre. Nur so schnell wie möglich durch sie hindurch, hinauf auf den Schlossplatz, wo mich hoffentlich eine frische Brise erwartet, die vom Gardasee her über den Hügel von Solferino streicht. Dort werde ich meine Arme ausstrecken, mein Hemd wie ein Segel aufspannen und mich abkühlen lassen. Ich werde den Blick auf den blinkenden See, auf die mächtigen Berggipfel und die Hügel, die wellenartig Richtung Osten verlaufen, richten. Doch bis dahin sind es noch ein paar Hundert Meter. Um mich abzulenken, lausche ich auf Geräusche, auf Stimmen hinter den verschlossenen Türen und Fenstern. Doch höre ich nichts außer meinen Atem. Es muss an den dicken, uralten Mauern der Häuser liegen, die alles verschlucken. Denn bestimmt sitzen die Menschen an den Küchentischen, essen und schwatzen, oder sie schauen die Nachrichten an, die um diese Zeit im Fernsehen laufen, vielleicht hält auch jemand seinen Mittagschlaf und schnarcht. Wenn ich an einem angelehnten Fensterladen vorbeikomme, spähe ich hinein, doch ist nichts zu erkennen, nicht einmal Schatten sind zu sehen. Nur Hitze. Nur Stille.

Nach ungefähr einem Drittel des Weges sehe ich auf einer Hauswand, auf der Höhe des zweiten Stockes, eine seltsame Malerei. Sie zeigt, wie eine Frau einen Fensterladen öffnet. Die Proportionen des Bildes verraten, dass der Maler nicht zu den Erfahrenen seines Faches gehört, wahrscheinlich hat er sein Geld als Schildermaler verdient und sich nur ab und an der figürlichen Darstellung gewidmet. Doch liegt etwas Feierliches in der Art, wie die Frau aus dem Fenster schaut. Sie trägt ein rotes Kleid und ein sorgfältig gebundenes weißes Halstuch. Ihr Haar ist schwarz. Sie wirkt, als wollte sie die Passanten einladen, um sie im Haus zu bewirten und die Geschichte zu erzählen, die ihr widerfahren ist. Eine Figur aus einem Märchen, an eine graue, unverputzte Wand gebannt. Kommt näher! Kommt näher!, sagt sie, und ich gehe bis an die Hauswand, lege meinen Kopf in den Nacken. Unter dem Bild ist in ungelenker Schrift gepinselt: „Am 24. Juni 1859 tötete hier eine verirrte Kugel Antonia Savio Cerini.“

Die Ursachen für den Tod dieser Frau sind zu einem Knäuel verworren. Wenn man eine isolieren müsste, dann wäre es die geographische Lage Solferinos. Das Dorf schmiegt sich an mehrere Hügel. An der Spitze der höchsten Erhebung steht ein Turm, ein letztes Überbleibsel einer Festung der Familie Gonzaga, der ehemaligen Herrscher über Mantua.

Die Festung ist der Überlieferung nach 1016 gebaut worden, ihre Mauern sind bis auf einen kleinen Rest vollständig verschwunden. Im Volksmund heißt der Turm: Spia d'Italia. Der Name hat seinen Ursprung im neunzehnten Jahrhundert. Die Spia ermöglicht einen Blick tief hinein nach Venetien und die Lombardei, die damals von den Habsburgern dominiert wurden – in den Augen italienischer Patrioten unerlöste Erde. Die Anhöhe von Solferino bot einen Schlüssel für die Befreiung dieses Landes, oder seine Unterwerfung, je nachdem. Im Umkreis von weniger als sechzig Kilometern hatten die Österreicher vier Festungen angelegt, in Peschiera, Verona, Mantua und Legnago. Dieses sogenannte Quadrilatero bildete die militärische Grundlage zur Beherrschung Lombardo-Venetiens. Das Quadrilatero war für die Italiener Symbol ihrer Unterdrückung.

Antonia Savio Cerini hat am falschen Tag, zur falschen Stunde aus dem Fenster geblickt. Es waren gerade schwere Kämpfe im Gange, als sie die Fensterläden öffnete. Auf den Anhöhen von Solferino hatten sich die österreichischen Soldaten verschanzt. Die französische Armee rückte aus Richtung Castiglione delle Stiviere vor, aus der Ebene, die für die Österreicher leicht einsehbar war. Den Franzosen gelang es unter hohen Verlusten voranzukommen. Sie waren zwar wegen des Geländes im Nachteil, doch je näher sie kamen, desto mehr Gräben, Bachläufe, Hecken, Weinreben, Bäume, Felsen fanden sie vor. Sie dienten den Soldaten als Schutzschild, hinter dem sie sich verbargen, ihre

Gewehre nachluden, das Bajonett aufpflanzten und dann weiterstürmten, den alles beherrschenden Turm, dessen Eroberung den Sieg in der Schlacht bringen würde, fest im Blick. Die Franzosen mussten durch das sogenannte Valletta hindurch, ein kleines Tal zwischen den Anhöhen. Sie hatten keine andere Wahl. Die Österreicher konnten sie so in tödliches Kreuzfeuer nehmen.

Dieses Valletta ist nichts anderes als die alte Hauptstraße Solferinos, auf der ich nun schweißgebadet stehe und das Bild Antonia Savio Cerinis betrachte. An der Stirnseite liegt der Turm, zur rechten Seite der sogenannte Zypressenhügel und zur Linken, ebenfalls auf einer Anhöhe, der mit hohen Mauern umgebene Friedhof. Die Franzosen wurden von allen drei Seiten beschossen. Auf späteren Darstellungen sieht man eine Masse von Soldaten, die dicht gedrängt mit aufgepflanzten Bajonetten nach vorne rückt, wie ein vielköpfiges, stachelbewehrtes Tier wälzt sie sich durch die Ruinen Solferinos. Die Kämpfe waren im Morgengrauen ausgebrochen, es war ein glühend heißer Tag eines ungewöhnlich heißen Sommers. Die Soldaten beider Armeen waren in den vergangenen Wochen viele Kilometer marschiert. Sie waren erschöpft. Die Österreicher hatten noch nicht einmal gefrühstückt, als sie sich schon dem Feind gegenübersahen. Viele starben im Laufe des Tages an Entkräftung. In den verschlossenen Häusern staute sich die Hitze, und niemand wagte, ein Fenster zu öffnen. 1959 gab ein Mann aus Solferino folgenden Bericht zu Protokoll, den er von seinem Vater, der die Schlacht als Augenzeuge erlebte, immer wieder gehört hatte: „Als Kugeln und Bomben das Dorf trafen, verschlossen wir alle, ohne Ausnahme, Türen und Fenster. Wir sperrten Werkstätten und Ställe zu. Dann versteckten wir das wenige, das wir besaßen, und verbarrikadierten uns in Kellern, in Verschlägen und unter Treppen. Dort kauerten wir, den Atem aus Angst, entdeckt zu werden, anhaltend, viele Stunden lang, so lange, bis die Schlacht zu Ende war, zu Tode erschreckt von den Schüssen und Schreien, welche Straßen und Plätze erfüllten.

Manchmal hörten wir draußen ganz deutlich die Stimmen von Soldaten, die sich etwas zuriefen oder vor Schmerz aufschrieen. Wir hörten das Getrappel der Soldatenstiefel. Es war so, als würde sich die Schlacht dort abspielen, wenige Meter entfernt, nur ein paar Schritte weg, als würde der letzte Ansturm vor unserer Haustür stattfinden; wir warteten mit Schrecken darauf, dass jeden Moment eine Gruppe bewaffneter Soldaten in unsere Zimmer stürzte. Keiner traute sich nach draußen.“[1]

Warum Antonia Savio Cerini aus dem Fenster schaute, darüber gibt es zwei unterschiedliche Versionen. Angeblich tat sie es, weil österreichische Soldaten Kühe aus dem Stall der Familie stehlen wollten. Das Brüllen der Tiere hatte sie alle Vorsicht vergessen lassen. Als sie die Soldaten schreiend verscheuchen wollte, zielte einer von ihnen auf sie. Die Kugel traf sie mitten in die Stirn. Diese Version allerdings widerspricht dem Satz, der unter ihrem Bild steht: „Casualmente colpita“, steht da: getroffen von einer verirrten Kugel.

Es kann durchaus sein, dass Antonia Savio Cerini aus reiner Neugier die Fensterläden öffnete. Wer wollte nicht wissen, was da draußen vor sich ging? Wer hätte nicht erfahren wollen, ob die Österreicher oder die Franzosen den Sieg davontrugen? Bestimmt kauerte die ganze Familie Savio Cerini in einem der Straße abgewandten Zimmer und stellte sich ängstlich flüsternd Fragen. Da hat es Antonia nicht mehr ausgehalten, sprang auf, lief zum Fenster, öffnete die Läden, ein Schuss knallte und sie sackte nach hinten.

Die Geschichte mit dem gezielten Schuss aus einer österreichischen Waffe wurde mit Sicherheit unmittelbar nach der Schlacht erzählt. Denn die Bewohner von Solferino hatten nicht viele Sympathien für die Österreicher, wie im Übrigen die meisten Lombarden. Österreichs Regiment empfanden sie als Fremdherrschaft. Tatsächlich regierten die Österreicher mit harter Hand. Die Gefängnisse waren voll mit italienischen Patrioten, die Soldaten des Kaisers waren gefürchtet, die Behörden setzten hohe Steuern fest. Als die Schlacht von Solferino tobte, hatte die österreichische Krone kaum mehr Anhänger in dieser Region. Selbst die Bauern, die sich lange ohne Murren der Obrigkeit unterworfen hatten, waren von ihr abgefallen. Dazu gehörte sicher auch die Familie von Antonia Savio Cerini, und es kann sein, dass sie aus Wut über die Österreicher das Fenster öffnete. Sie starb nach dieser Version eine Art patriotischen Tod, gemeuchelt vom Unterdrücker, während sie ihren Besitz verteidigen wollte. Doch diese Propaganda setzte sich nicht durch, sonst würde nicht „getroffen von einer verirrten Kugel“ unter dem Bild gepinselt stehen.

Ich gehe weiter hoch, kurz vor dem Eingang zum Schloss von Solferino steigt die Straße noch einmal steil an. Der Schweiß bricht in kleinen Bächen aus mir hervor. Am Tag der Schlacht lagen hier Hunderte Leichen, je höher die Franzosen kamen, desto erbitterter war der Widerstand der Österreicher, desto mehr Soldaten fielen. Die Österreicher wussten, dass der Verlust des Hügels die Niederlage bedeuten würde. Es gibt ein Bild, auf dem österreichische Soldaten in ihrer Verzweiflung Felsbrocken auf den Feind, der in immer neuen Wellen heranbrandet, schleudern. Es ist ein Kampf Mann gegen Mann, ein Hauen und ein Stechen, ein Schlagen, Würgen und Treten, Kugeln bohren sich ins Fleisch, Klingen schlitzen Körper auf. Doch auch in diesem Gemetzel soll es der Überlieferung nach Unterschiede gegeben haben, die man nicht anders als kulturell bezeichnen kann. Die Österreicher etwa fürchteten vor allem die Zuaven, algerische Soldaten der französischen Armee, die durch ihre roten Pumphosen erkennbar waren. Die Zuaven hatten den Ruf, äußerst geschickte Nahkämpfer zu sein. Sie suchten sich immer nur einen einzigen Gegner aus, und erst nachdem sie ihn niedergerungen hatten, wandten sie sich dem nächsten zu. Mann gegen Mann. Das schrieb ihnen ihr Ehrenkodex vor. So will es die Legende. Sie erzählt auch, dass die kroatischen Soldaten der k. u. k. Armee keine Gefangenen machten. Sie töteten jeden, der sich ihnen entgegenstellte, auf jede nur erdenkliche Art, mit der Pistole, dem Messer, dem Gewehrkolben, mit einem Stein, mit bloßen Händen. Sie waren der Schrecken der Franzosen. Wenn man alle Nationalitäten einzeln betrachten würde, die sich hier gegenüberstanden, würde man bestimmt für jede ihre Eigenart finden – wie zum Beweis dafür, dass nicht einmal die Armee in der Lage war, diese Unterschiede einzuebnen, es vermutlich auch gar nicht wollte, sondern sich die nationalen Besonderheiten zunutze machte, wie jene der Tiroler, die hervorragende Scharfschützen waren.

Als ich schließlich oben ankomme, wende ich mich nicht zuerst dem Schlossplatz zu, wie ich es vorgehabt hatte, sondern gehe nach links, eine leicht ansteigende Straße hinauf zum Friedhof. Von der Straße aus sieht er mit seinem hohen, fensterlosen Gemäuer bedrohlich aus, überproportional groß für ein kleines Dorf wie Solferino. Das liegt auch an seiner günstigen Position, die ihn mit seinem Gemäuer weithin sichtbar macht. Im Museum von Solferino liegt hinter Glas eine Fotografie, die wenige Jahre nach der Schlacht vom Friedhof gemacht wurde. Die Mauer ist übersät mit Löchern, einige dürften von Kanonenkugeln stammen, andere aber sind von den österreichischen Soldaten geschlagen worden, die sich auf diese Weise rudimentäre Schießscharten bauten. Das Foto ist stark vergilbt, die Konturen sind kaum mehr zu erkennen, doch sieht man ziemlich deutlich einen Mann, mit Hut, Gehrock und weißem Hemdkragen. Er steht vor dem Eingang des Friedhofs, die Arme hinter dem

Rücken verschränkt, und blickt auf das niedergerissene eiserne Tor, auf die Breschen und Löcher. Sein Gesichtsausdruck ist nicht erkennbar, doch verrät die ganze Haltung staunende Neugier. Der Mann versucht sich offenbar von dem Kampf um den Friedhof ein Bild zu machen. Es scheint ihm angesichts der Zerstörung nicht zu gelingen. Seine Identität ist nicht bekannt, vielleicht ist er ein Einheimischer, ein Notabler, der den Schaden begutachtet, um die Kosten des Wiederaufbaues abzuschätzen, oder er ist ein Ausflügler, was gut möglich ist, denn die Schlacht von Solferino lockte bald Menschen aus aller Herren Länder an.

Im Jahre 1862 kam der französische Historienmaler Jean-Claude Langlois nach Solferino. Er war Offizier in der napoleonischen Armee gewesen. Er hatte quer durch Europa an Napoleons Seite gekämpft. Ein alter Haudegen, der sich nach seinem aktiven Dienst auf Panoramabilder von berühmten Schlachten spezialisierte, das bekannteste Bild zeigt die Schlacht von Waterloo, die 1815 den Untergang Napoleons besiegelte. Der Betrachter fühlt sich durch die Monumentalität und die Detailtreue der Langloischen Gemälde mitten in das Geschehen hineinversetzt. Langlois wollte die Dramatik hautnah vermitteln. Wer seine Rundgemälde sieht, soll den Pulverdampf riechen, die Explosionen hören, die Schreie der Anstürmenden, das Röcheln der Sterbenden, das Geheul der Sieger, die ganze Größe von Triumph und Niederlage ahnungsvoll ermessen können.

Solferino, Friedhof der Nachkommen: Nach einer Schlacht des 20. Jahrhunderts hätte es ihn wohl nicht gegeben, weil kaum jemand überlebt hätte.

Der Besuch Langlois' bewies, dass Solferino zu einer Attraktion geworden war, einer Berühmtheit unter der an Schlachten nicht armen europäischen Geschichte. Er nahm Solferino und seine Umgebung mit einer Kamera auf. Die Fotografien benutzte er später als Modell für seine großflächigen Panoramabilder. Sein Gemälde von Solferino ist nicht erhalten, doch die Fotografien sind es. Sie zeigen uns ein armes, doch freundliches, sanftes Dorf. Die Steinhäuser, der Schlossplatz, selbst der scheinbar überdimensionierte Friedhof sind ein Teil der Landschaft, eine natürliche Fortsetzung der Olivenhaine, der Äcker, Felder und Wiesen. Das Dorf hat nichts Kriegerisches an sich, und doch muss dem Offizier Langlois sofort aufgefallen sein, wie schnell Solferino in eine tödliche Falle verwandelt werden konnte. Wo alles gerade noch einladend erschien, öffnete sich plötzlich ein Feuer speiender Höllenschlund.

Der Friedhof von Solferino bildet ein lang gestrecktes, schmales Rechteck. Obwohl auch hier niemand anzutreffen ist und nur der Kies unter meinen Füßen leise knirscht, ist es nicht so tödlich still wie im Dorf. Die Luft vibriert leicht, als hätten Stimmen sie in Schwingung gebracht. Es ist eine Täuschung, ich weiß, doch kriege ich das Gefühl nicht los, als sei der Friedhof bewohnt von geschwätzigen Toten. Sie sind in drei Klassen eingeteilt. Da sind die einen, deren Sarg in die Mauern eingelassen ist, das ist die große Mehrheit. Toter an Toter reiht sich da aneinander, möglichst platzsparend, gestapelt wie Lagerware. Dann gibt es die Klasse derjenigen, die in der Erde begraben sind, manche Grabsteine sind schlicht, andere hingegen luxuriös. Schließlich gibt es die Angehörigen wohlhabender Familien. Sie liegen in mehrere Meter hohen, mitunter prächtig ausgestatteten Mausoleen. Über dem Eingang prangt jeweils der Name der Familie, und im düsteren Inneren brennen Kerzenlichter und werfen einen flackernden Schein auf die Gesichter der Toten, die auf Fotografien abgebildet sind. Bei manchen stehen noch ein paar Zeilen, die Leben und Werk des Toten in knappen Worten beschreiben. Da gibt es zum Beispiel Rag. Cav. Camillo Tovini, geboren am 26.2.1869, verstorben am 18.4.1950. Unter seinem Bild steht: „Direktor des italienischen Post- und Telegrafenamtes. Arbeitsam, ehrlich und intelligent. Er bekleidete wichtige Ämter in Afrika und in der Heimat. Ein Beispiel für ein tugendhaftes Leben. Er lebte und tat Gutes." Im Mausoleum der Familie Pangolli steht eine maßstabsgerechte Statue des Familienvaters, eines alten, freundlichen Herrn. Er steht auf einen Stock gestützt und lächelt unter seiner Baskenmütze hervor. Ein fröhlicher Alter. Es gibt keine Information darüber, was er in seinem Leben gemacht hat, doch muss es ein glückliches Leben gewesen sein, in dem er viel Liebe gegeben und erfahren hat, auch an Geld dürfte es ihm nicht gefehlt haben. Andere hatten nicht so viel Glück wie Herr Pangolli.

- Franco Castagna, verschollen in Russland, 1943
- Tenadini Giuseppe, verschollen in Cefalonia, 1943
- Savio Arnaldo, in Griechenland gefallen, 1943

Ich lese all diese Inschriften und versuche, aus den Gesichtern der Toten etwas zu lesen, ob sie freundlich waren oder mürrisch, lebensfroh oder schwermütig, tapfer oder feige, offen oder verschlossen. Doch gelingt es mir nicht. Bis auf wenige Ausnahmen scheinen mir alle ähnlich auszusehen. Sie blicken ernst und verraten nichts von sich. Die Kamera ließ sie alle erstarren. Während ich weiter die Reihen der Toten abschreite, denke ich, dass sie auf eine Weise Überlebende der Schlacht von Solferino sind. Wenn ihre Vorfahren sich nicht in den Kellern versteckt hätten, würden sie nicht gelebt haben. Und sie würden auch nicht gelebt haben, wenn dieser Krieg geführt worden wäre wie ein moderner Krieg des zwanzigsten Jahrhunderts. In diesem Fall hätten die Soldaten nicht vor den Türen der Bewohner gekämpft, sondern sie wären in die Häuser eingedrungen, sie hätten die unbewaffneten Männer hingerichtet, die Frauen vergewaltigt, die Kinder ermordet, sie hätten das Dorf niedergebrannt und nichts als rauchende Trümmer hinterlassen. Denn die neuen Kriege richten sich gegen Zivilisten. Sie sind nicht nur Krieg, sie sind Terror. Ein Friedhof der Nachkommen wie diesen, auf dem ich jetzt stehe, hätte es nach einer Schlacht des zwanzigsten Jahrhunderts entweder gar nicht gegeben oder er wäre viel kleiner ausgefallen, weil kaum jemand überlebt hätte.

Die Schlacht von Solferino wirkt unter diesem Gesichtspunkt wie ein Kampf von Kavalieren, ein tödliches Duell. Grausam waren die Soldaten, aber sie waren es unter ihresgleichen. Wer sich rechtzeitig in den Häusern versteckte, blieb verschont.

Nach langem Suchen finde ich das Grab eines Menschen, der noch während der Schlacht von Solferino am Leben war: Catterina Savio, am 9. Juni 1859 geboren. Sie war also zwei Wochen alt, als der Krieg über Solferino hereinbrach. Es ist gut möglich, dass sie verwandt war mit Antonia Savio Cerini, vielleicht waren sie Cousinen, vielleicht hat Antonia die kleine Catterina schützend in den Armen gehalten, bevor sie aufsprang, um das Fenster zu öffnen und nach dem Rechten zu sehen, und den Tod fand. Catterina ist am 19. Dezember 1939 gestorben. Da befand sich Europa schon wieder im Krieg.

Der Tornister

Mein Urgroßvater ist 1834 geboren. Er war Schuster und lebte in einem Südtiroler Dorf, knapp zweihundert Kilometer von Solferino entfernt. Er besaß weder Land, noch Haus, noch Tier. Doch er war nicht mittellos. Er muss einige Dinge besessen haben, einen Tisch und Stühle, einen Schrank, Geschirr, Kleider, einen Hut, Schuhe, das eine oder andere Buch, eine Schreibfeder, einen Hammer, eine Feile, eine Säge, eine Zange, Nägel, vielleicht ein Bild oder einen kleinen Sekretär, denn er schrieb gerne. Nach dem Krieg hat er das Schusterhandwerk aufgegeben und ist Gemeindeschreiber geworden, das war für jemanden seiner Herkunft eine bemerkenswerte Karriere. Das konnte er nur mit viel Fleiß, Entschlossenheit und Disziplin erreichen. Ich sehe ihn mit vom Leim verklebten Händen über den Sekretär gebeugt, der scharfe Geruch des Klebstoffs steigt von seinen Fingern auf, während er Buchstaben an Buchstaben fügt, sorgfältig, als setzte er immer noch Schuhe zusammen, mit denen man fest und sicher durch die Welt gehen kann. Er übt und übt, er lernt neue Wörter, er achtet auf Schönschrift, er füllt damit Bogen um Bogen, denn er trägt sich bereits mit dem Gedanken, sich aus seinem Schusterdasein herauszuschreiben in eine bessere gesellschaftliche Position. Das wird ihm gelingen, doch erst nach dem Krieg.

Es ist nichts geblieben von dem, was er besaß, nichts ist zu mir gekommen bis auf dieses Tagebuch. Das ist nicht verwunderlich, denn Tagebücher gehören zu den sehr persönlichen Gegenständen. Man hütet sie wie den eigenen Augapfel. Wer ein Tagebuch verliert, verliert ein Stück von sich. Aber warum haben all die anderen Dinge meines Urgroßvaters nicht überlebt? Warum haben sie sich nicht über die Jahrzehnte retten können? Wo und wann sind sie untergegangen? Sind sie vielleicht verkauft worden? War mein Urgroßvater ein Mensch wie mein Vater, sein Enkel, der Dinge immer kaufte und verkaufte, in der Hoffnung, Gewinn daraus ziehen zu können? Oder musste er seinen Besitz veräußern, um etwas Geld zu haben? Seine Existenz, das weiß ich, war sehr brüchig, er konnte von einem Tag auf den anderen in die Armut stürzen, weil er keine Reserven hatte für den Fall, dass er seine Arbeit verlor oder krank wurde. Auch die Familie konnte ihm nicht viel Schutz bieten, dafür waren die Mittel zu knapp. Wenn er alles verkaufen musste, dann hat er es vielleicht auf einen Schlag getan. Ein Händler bezahlte ihm einen Pauschalpreis für den Sekretär, den Stuhl, den Tisch, die Werkzeuge. Es kann also sein, dass seine Dinge nicht in alle Winde verstreut wurden, sondern zusammengeblieben sind. Vielleicht befinden sie sich in einem Haus gar nicht weit weg von seinem Dorf? Das ist mir die liebste Vorstellung. Denn dass der magere Besitz meines Urgroßvaters auf einem Dachboden verwahrt sein könnte, tröstet mich. Es ist gut zu wissen, dass nichts von uns wirklich verloren geht, wenn wir es nicht zulassen.

Doch bis auf das Tagebuch ist alles von ihm verschollen. Es ist der einzige Überlebende. Es ist aus seinen Händen in die meines Großvaters übergegangen und dann in die meines Vaters. Die drei Männer waren als Soldaten im Krieg gewesen, doch nur der älteste von ihnen hat ein Tagebuch über seinen Soldatendienst hinterlassen. Kann sein, dass die Aufzeichnungen der anderen verloren gegangen sind. Kann aber auch sein, dass der Krieg, in dem mein Urgroßvater kämpfte, am leichtesten zu beschreiben war. Es gab klar umrissene Grenzen. Dort ist der Feind, hier ist der Freund. Wenn wir gewinnen, bekommt oder behält der Kaiser ein Stück Land, das er dann im Namen seiner Krone verwaltet; wenn wir verlieren, ziehen wir uns zurück, schließen einen Waffenstillstand und dann einen Vertrag, bei dem wir eventuell ein Stück Land abgeben müssen. Dabei geht es grausam und blutig zu, aber es gibt Regeln, an die wir uns halten. Der Feind ist kein Unmensch, und wir sind es auch nicht.

Tatsächlich findet sich im Tagebuch meines Urgroßvaters kein einziges abschätziges Wort über die gegnerischen Soldaten und nicht die Spur eines rassisch oder ideologisch aufgeladenen Fanatismus. Wenn er das Leiden der verwundeten Kameraden sieht, kommen ihm die Tränen, doch kein Hass ist zu spüren. „Es kamen viele Wägen und Schiffe voll Verletzter, das war ein Grausen für uns zuzuschauen, denn wir konnten ihnen nicht helfen, denn dieses war ein trauriger Anblick für uns wie sie auf die Wägen hierher fuhren." An einer anderen Stelle schreibt er: „Da haben wir den letzten Schuss gemacht, dann verlassen wir traurig diese Gegend, denn weil so viele gute Kameraden tot und verletzt waren und wir müssen sie alle zurück lassen, denn es waren von unserem Bataillon 124 Mann tot und verletzt. Um halb 11 Uhr marschierten wir zurück (...) und es kam uns vor wie wenn wir in den Himmel hinein gehen, weil man keinen Schuss mehr hört." Es geht grausam zu, aber die Soldaten überschreiten die Grenzen ihres Handwerks nicht. Das gilt auch für die Zivilisten, denen mein Urgroßvater begegnet. Sie lassen sich, auch wenn sie die Österreicher vermutlich als Besatzer sehen, in ihrem Mitgefühl für die Menschen nicht beirren. Einen Soldaten mögen sie fürchten, und sogar einen glühenden Hass auf ihn haben, aber mit einem verletzten Soldaten empfinden sie Anteilnahme. „Aber die Einwohner waren sehr gut zu diesen Verletzten, alles was nur gehen konnte, trug Zeug herbei für die Verletzten, Hemden und Leintücher rissen die zusammen und verbanden die Wunden, und gaben ihnen auch zum Essen und zum Trinken, ja sogar ein Mädchen zog ihren weissen Unterrock aus und riss ihn zusammen und verband einen damit seine Wunden, und dieses mussten wir alles zusehen und konnten nicht helfen." Die Dinge waren schrecklich, doch hatten sie eine gewisse Ordnung, auf die man sich verlassen konnte.

Mein Großvater und mein Vater hingegen kämpften in Kriegen, in welchen die Regellosigkeit zum Prinzip erhoben wurde, die Überschreitung jeder Grenze, das Brechen jedes Tabus, das waren die Kennzeichen des Ersten Weltkrieges und noch viel mehr die des Zweiten. Angesichts dieser Barbarei sind die beiden verstummt, das stelle ich mir vor, ohne einen Beleg zu haben, außer den einen, dass mein Großvater genauso wie mein Vater gegen Ende seines Lebens immer weniger sprach, belagert von Gespenstern lähmten sich ihre Zungen und die Hände wurden ihnen schwer wie Blei. Sie konnten weder sagen noch beschreiben, was sie plagte. Nein, weder mein Großvater noch mein Vater haben Verbrechen begangen, doch waren sie in verbrecherischen Kriegen zum Dienst gepresst worden. Von meinem Großvater blieb ein Eisernes Kreuz, das er sich an der italienischen Front am Isonzo erworben hatte, von meinem Vater gab es nur den Satz, dass er „nie wieder, nie wieder eine Waffe in die Hand nehmen werde“, und außerdem froh gewesen sei, in amerikanische und nicht in russische Gefangenschaft geraten zu sein. Mehr nicht.

Wie gesprächig im Vergleich dazu mein Urgroßvater ist. Unbefangen schreibt er über den vielfachen Tod, den er sieht. Sein Geist ist nicht verdunkelt von schuldhafter Verstrickung. Ohne das reine Herz meines Urgroßvaters, ohne sein von den Verbrechen des zwanzigsten Jahrhunderts unbeflecktes Leben wäre das Tagebuch wohl nie entstanden. Und ich bin überzeugt davon, dass es auch deswegen nicht verloren gegangen ist. Wie ein Zeuge kommt es mir vor, der hundertfünfzig Jahre lang alle Gefahren überstanden hat und nun etwas zerzaust und doch kraftvoll vor uns steht, in all seiner blutigen Unschuld.

Mein Urgroßvater begann das Tagebuch zu schreiben, als er 1857 in die Armee eingezogen wurde. Er war fünfundzwanzig Jahre alt, vorher hatte er scheinbar nichts aufgezeichnet. Die Tatsache, dass er nun eine Uniform tragen würde, war Anlass genug, um seine Erlebnisse festzuhalten. Der Kaiser brauchte Soldaten, denn er rechnete mit Krieg. Jede Gemeinde musste eine bestimmte Anzahl stellen. Sie wurden per Los bestimmt. Mit seiner Auslosung beginnt mein Urgroßvater sein Buch. Aus all dem, was er in den kommenden zwei Jahren schreiben sollte, geht nicht hervor, ob er gerne Soldat gewesen ist, doch schimmert durch, dass er den Dienst in der Armee auch als eine Gelegenheit empfunden hat. Er war vermutlich nie sehr weit über sein Dorf hinausgekommen. Soldat zu sein, gab ihm die Gelegenheit, durch Gegenden zu kommen, in denen er noch nie gewesen war. Er würde reisen. Tatsächlich sind seine Zeilen durchtränkt mit der Neugier auf eine Welt, die ihm fremd ist. Er ist ein Mann vom Land und kann eine gewisse Ängstlichkeit vor dem Unbekannten, das ihn erwartet, nicht verbergen: „Denn das kann man immer denken, wenn was Neues vorkommt, dass auch dabei gewiss nichts besser ist." Doch die Betonung liegt auf dem „kann" – er entscheidet sich dafür, sich nicht zu fürchten.

Ich stelle mir vor, wie er diesen Satz über das Neue, das ihn erwartet, in der Kaserne von Bozen schreibt, wo er als Erstes stationiert war. Die Feder kratzt über das grobe Papier, das Kerzenlicht flackert und er muss das Schreiben immer wieder unterbrechen, weil einer seiner Kameraden ihn mit einer Frage ablenkt, einer Bemerkung oder einem lauten Lachen, das durch den Schlafsaal knattert. Der Abschied aus der Heimat schmerzt ihn, doch ist er überlagert von der Spannung, die eine bevorstehende Reise auslöst. Er schreibt nicht viel, dreißig, vierzig enge Zeilen pro Tag. Wenn er damit fertig ist, verstaut er das Buch in seinem Tornister, wo er alles, was er braucht, mit sich trägt. Wahrscheinlich hat er es in ein Tuch eingeschlagen, um es zu schützen.

Im Museum von Solferino sind zwei Tornister österreichischer Soldaten ausgestellt, der eine ist aus glattem Leder, der andere hat einen Fellbezug. Sie sehen aus wie schlichte, alte Schulranzen. Bequem war so ein Tornister nicht. Wenn die Soldaten marschierten, wackelte er bei jedem Schritt hin und her, die schmalen Riemen schnitten in die Schultern, und wenn sie schneller gehen mussten, sprang er auf ihrem Rücken herum wie ein wild gewordenes Pferdchen. Die Soldaten konnten den Moment nicht erwarten, ihn abzulegen. Mein Urgroßvater schreibt: „Und dieser Tag ist eine Freude für uns, denn am Abend wurden uns die Tornister abgenommen und sind nach Verona geführt worden. Denn wenn einer dieses Kalb immer auf dem Buckel hat und muss Tag und Nacht marschieren, so kann ihm es ein jeder gedenken, das dieses eine große Plage ist, so haben wir auch deshalb diese Nacht ruhiger geschlafen."

Das Tagebuch transportierte er in diesem Tornister. Meist ging es auf den Schultern meines Urgroßvaters weiter, mal fuhr er ein Stück des Weges mit einem Eisenbahnwaggon, ein anderes Mal warf er ihn auf einen Pferdewagen, der ihn über staubige Landstraßen bis zum nächsten Lager brachte. Keiner liebte diese Tornister, doch alle brauchten sie. Sie waren die unvermeidlichen Begleiter auf einer langen, beschwerlichen Reise, die ohne Murren jede Mühsal ertrugen und dabei in ihrem Inneren sicher aufbewahrten, was ihre Herren ihnen anvertrauten. Der Tornister meines Urgroßvaters steckt einmal so tief im Schlamm, dass er ihn nur mit Mühe herausziehen kann, ein anderes Mal schwimmt er regelrecht auf einer durch heftigen nächtlichen Regen entstandenen Regenpfütze. Doch bleibt er ihm erhalten, ein unverwüstliches Ding, das ihm zur Qual wird, und das er doch immer wieder rettet und mit ihm das Tagebuch.

Reisen bedeutet für den Soldaten vor allem Marschieren. Mein Urgroßvater führt genauestens Buch darüber, wie viele Kilometer sie jeden Tag zurücklegen müssen. „Durch dieses Marschieren war ich immer sehr marod, denn weil ich von Haus aus das Marschieren nicht gewohnt bin, den 23ten müssen wir da Exerzieren anfangen lernen, und dieser Lehrzug dauert 7 Wochen, und unter dieser Zeit war eine sehr große Kälte, dass ich mir die Hände so erfriert habe, wo ich meinen Lebtag davon denken werde." Und so geht es zu Fuß von Bozen aus über Trient das Etschtal hinunter bis nach Verona, wo das Hauptquartier der österreichischen Militärverwaltung Lombardo-Venetiens liegt. Dann geht es weiter nach Vicenza, nach Padua, zurück nach Verona, dann nach Mailand, von dort wieder zurück über Bergamo, nach Brescia wieder nach Verona, und wieder zurück bis an die Ufer des Flusses Mincio.

Es ist ein fiebriges Hin und Her, das meinen naiven Glauben erschüttert, Armeen seien etwas, das sich planvoll und geordnet durch die Landschaft bewegt wie eine Maschine, die auf ein Kommando hört und ein Ziel so lange verfolgt, bis es erreicht ist. Es war ein großes Durcheinander. Mein Urgroßvater, der zum ersten Mal über seinen Heimatort hinausgekommen war, musste die Welt vermessen wie ein Huhn, das wild über einen staubigen Hof hin- und herläuft, nicht wissend, was es sucht, und wann immer es eine Pause in dieser Aufregung gibt, stehen bleibt und Körner aufpickt. Er weiß noch nicht, was ihn erwartet. „Krieg liegt in der Luft“, schreibt er. Wann er ausbrechen wird? Wo? Darauf gibt es für ihn keine Antwort. Er tut das, was vernünftige Menschen tun, wenn sie ahnen, dass ihnen eine gefährliche Prüfung bevorsteht: Er genießt, was er hat, und er nährt sich an den Schönheiten Italiens. Als er in Padua stationiert wird, schreibt er: „Und was die Stadt anbelangt, da gibt es viele schöne Paläste und auch Kirchen und das merkwürdigste war das Kaffeehaus Garogo, das war das schönste in ganz Europa und auch die Antonius Kirch war wunderschön. Und man sah auch darein viele Merkwürdigkeiten, und so war es auch in der St. Justiner Kirche da sieht man noch heute zu Tag diesen Kerker, wo viele Heilige sind enthauptet worden, und dieser Stein ist noch mit Blutstropfen bespritzt, wo die Häupter sind hinunter geworfen worden. Und dieses alles hat die Hl. Justina müssen zuschauen, und sie war 16 Jahre in dieser Gefangenschaft, und da starb sie."

Ich sehe, wie er durch die Straßen der Stadt geht mit seinen Kameraden, ein kleiner, schmächtiger Mann mit einem runden Bauernkopf und knotigen, rissigen Händen. Er wird gestaunt haben inmitten der grandiosen Szenerie des Platzes Prato della Valle, dieser Bauer, der nur seinen Dorfplatz kannte und sich nun wiederfand auf einem der größten und schönsten Plätze Europas. Er muss etwas von der Macht der Kunst gespürt haben beim Anblick dieser Bauten. Die Bürger Paduas, Untertanen desselben Kaisers, blicken misstrauisch auf diese Soldaten, die sich ihre prächtige Stadt mit großen Augen anschauen wie Kinder, dabei sind es Männer unter Waffen, Männer, die auf Befehl töten und töten werden. Die Gewalt ist immer präsent in diesen Tagen. Lombardo-Venetien ist in Aufruhr, wieder einmal. In demselben Padua, das mein Urgroßvater wie ein Tourist durchwandert, wird er in diesen Tagen auf Befehl gegen Studenten vorgehen. Anlässlich eines Begräbnisses kommt es zu Unruhen: „Die Studenten machen einen schönen Leichenzug mit einem Toten durch die Stadt. Und wenn ihnen jemand begegnet, so muss ein jeder den Hut vom Kopf nehmen, ja sogar wenn ihnen ein Soldat begegnet, so muss er auch den Hut abnehmen, auch desgleichen ging es den Offizieren. Aber diese Prozession wurde den Studenten bald aufgelöst, denn sie hatte keine Ausdauer. Die ganze Truppe wurde alarmiert, und das ganze Militär stand in Bereitschaft und alles hat scharf geladen. Die Studenten glaubten, es würde bald die ganze Stadt zusammen geschossen, wie es wird geschehen sein, wenn nicht die Anstifter die Flucht ergriffen hätten. Denn es gingen Parolen durch die ganze Stadt, und in Misseum, wo sich die Studenten hingeflüchtet haben, das wurde rein gefeuert, und da wurden etliche tot geschossen; und viele gefangen und den andern Tag darf sich kein Student mehr blicken lassen. Und wie die Studenten alle von Padua ausgewandert sind, so ist es wieder alles ruhig wie zuvor." Es ist vorbei, der Alltag kehrt wieder ein, und seine Gedanken kreisen wieder um das Naheliegende, ums Essen und ums Trinken: „Aber wenn es auch unter dieser Zeit sehr streng der Dienst war, so war es dennoch in Padua gut. Warum? Weil es zum Leben billig ist, der Wein kostet die Bugal 40 und 60 Pfennig, da kauft man schon sehr guten Wein. Und das Essen war auch billig."

Essen, Trinken, Spazieren – das sind die Ruhepunkte in diesen fiebrigen Wochen, in denen er mit seinen Kameraden kreuz und quer durch Norditalien marschieren muss. Er wird zur Musikkapelle abkommandiert, welches Instrument er spielt, das schreibt er nicht, aber ich kann ihn mir mit einer Tuba vorstellen. Und so marschiert er durch Städte und Dörfer und bläst die Tuba, bis sein Gesicht ganz rot ist und der Schweiß in Bächen von seiner Stirn läuft. Ein Marsch für den Kaiser! Ein Hoch auf Österreich! Ein Tusch für den Marschall! Eine Freude scheint es ihm nicht zu sein: „So muss ich immer am Vormittag mit den Compagni Exerzieren, und am Nachmittag blasen.“ Es ist brütend heiß. „Und es war eine so große Hitze, dass man es vor Durst bereits nicht aushalten kann, und da blieben wir im Lager, und da ist keine Staude und kein Baum zu sehen, und es hat eine so große Hitze, dass bereits kein Mensch imstande ist zum ertragen, denn es war nur die Etsch da kann man sich baden und sonst zum Trinken bekam man kein Wasser.“ Was ist das Ziel dieser Marschiererei? Er weiß es nicht und er fragt es sich auch nicht. Er spürt nur, dass sich ein Gewitter zusammenbraut. Immer hektischer, immer schneller kommen die Befehle, mal hier hin, mal da hin, und schließlich kommt es zum Krieg. Es beginnt mit Scharmützeln und wächst sich bald aus zu einer Schlacht – der Schlacht von Solferino.

Auf einer Länge von zwanzig Kilometern stehen sich insgesamt mehr als dreihunderttausend Soldaten gegenüber, hundertsiebzigtausend Österreicher und hundertfünfzigtausend Franzosen und Piemontesen. Es sollte eine der größten Schlachten der europäischen Geschichte werden. Solferino bildete den Mittelpunkt der Front, die sich vom Gardasee über eine ganze Kette von Hügeln, Anhöhen und Erhebungen bis in die Poebene zieht. Weder die Österreicher noch die Franzosen und Piemontesen rechneten mit dieser Schlacht, sie dachten, dass der Feind noch ganz woanders stünde, doch plötzlich sahen sie sich gegenüber und waren innert kürzester Zeit ineinander verkeilt wie wilde, bisshungrige Tiere. Das Töten begann im Morgengrauen, während viele noch dabei waren, ihr Frühstück zu verzehren, und es endete erst bei Sonnenuntergang mit dem Rückzug der Österreicher.

An diesem Tag legten viele Soldaten ihre Tornister ab, bevor sie in den Kampf zogen. Ich weiß nicht, ob das den Vorschriften entsprach oder ob es schon ein erstes Zeichen unkontrollierter Brutalität war, die sich in den Hügeln von Solferino an diesem Tag ausbreitete, bald schlugen die Soldaten ja mit bloßen Händen aufeinander ein, sie traten, bissen und würgten sich. In Solferino, unterhalb des Friedhofes, war der Nahkampf besonders unerbittlich, denn hier prallten Tausende auf engstem Raum aufeinander. Sie konnten nicht ausweichen, sie konnten nur versuchen, den Gegner niederzuringen mit allen Mitteln, die zur Verfügung standen. Es war heiß, die Männer, besonders die Österreicher, waren müde vom vielen Marschieren. Hunger und Durst plagten sie. Da war es nur vernünftig, dass sie sich jedes überflüssigen Gewichtes entledigten, bevor sie zum Sturm auf den Feind ansetzten. So fielen die Tornister auf die Erde und blieben dort auf einem Haufen liegen. Den Offizieren wird es recht gewesen sein zu sehen, wie ihre Soldaten sich leichtfüßig und todesmutig auf den Feind stürzten. Auch Gott fand bestimmt Gefallen daran. Denn die Soldaten ließen in ihren Tornistern ihren irdischen Besitz zurück, bevor sie sich der Todesgefahr stellten. Sie befolgten damit unbedacht das Gebot, dass man sich von allem Profanen zu befreien habe, bevor man in das Himmelreich eintrete, von jeder Eitelkeit und jedem Mammon. Hätte mein Urgroßvater den Tod gefunden, wäre sein Tagebuch im Tornister liegen geblieben, und für ihn wäre es vielleicht besser gewesen, denn dem strengen Gott der Katholiken mochte es als Hoffart erscheinen, dass da ein Individuum sich selbst beschrieb.

„Ohne etwas zu rasten rückten wir vor und übernahmen das Feuer, aber dieses Sausen der Kanonenkugeln, das ist unbeschreiblich. Wir marschierten über einen Hügel, ein jeder war matt und müde vor Durst, denn es war kein Wasser zu bekommen. So rückten wir vor mit Sturm, aber wie wir hinauf kamen, da kam der ganze Hügel schwarz von den Piemontesern gegen uns und wir wurden zurückgeschlagen. Und da hat es von uns sehr viele gerissen und da ist ein Jammer und ein Heulen, denn man glaubt, es ist alles verloren, aber nein beiweitem nicht, denn wir fassten wieder frischen Mut und ergreifen den zweiten Sturm, aber da heißt es, Brüder auf mit fröhlichem Mut, denn es gilt unser teures Blut, und da schlugen wir sie zurück über Santo Martino, und dort sind viel von dem Feind gelegen, dass man kaum vorbei gehen konnte, und da haben wir öfters gestürmt und der Feind hat sich mehr zurück gezogen, aber da ist immer ein Kugelfeuer, dass man sein eigenes Wort nicht verstehen konnte, denn es ist wirklich ein Kugelregen gewesen, dass es kaum möglich gewesen wäre, davon zu kommen, außer mit der Hilfe Gottes. Denn waren wir schon drei Stunden im Feuer und ohne Hoffnung zu einer Ablösung und wir hatten schon viele Kameraden blutig auf dem Feld verlassen müssen, denn wir könnten bald nimmer stehen vor Durst

Trophäen der besonderen Art: Marionetten, welche die Soldaten selbst geschnitzt und in dem Original nachgeschneiderte Uniformen gekleidet hatten (im Museum von Solferino).

und Schwachheit. Aber wir trafen zum Glück eine Lacke, wo schon etliche Tote darin lagen, und das Wasser zwar rot vom Blut, aber mit Freuden trank ein jeder, um mit Herzenslust sich von dem Durst zu erretten. Und ohne auszuhalten waren wir bis um zwei Uhr Nachmittags im Feuer. Wir blieben auf dem alten Platz, und der Feind ist retiriert, und da herrscht eine Stille. Um fünf Uhr abends da kam ein fürchterliches Sturmwetter, welches der Wind gegen uns trieb."

Die Hitze hatte sich über Tage aufgestaut, und plötzlich brach der Himmel über Solferino mit einem Tosen auf, dass es selbst den Soldaten den Atem raubte. Blitze zuckten am Himmel. Der Donner rollte über das Schlachtfeld. Windböen rissen an Bäumen und Sträuchern. Es hagelte dicke Hagelkörner, dann goss es. Der Wind heulte wie ein verwundetes Tier, das nach Rache sinnt. Die Soldaten unterbrachen ihre Kämpfe, sie duckten sich und suchten verzweifelt Schutz. Manche mögen gedacht haben, dass sie nun die Strafe Gottes träfe für das, was sie hier taten. „Du sollst nicht töten!" lautet das fünfte Gebot. Nun, da Gott mit solchem Zorn auf Solferino einschlug, erinnerten sich viele Soldaten daran. Zitternd und bibbernd kauerten sie nieder, bekreuzigten sich und hofften, dass Gott sie verschonen möge. Doch kaum hatte das Gewitter sich ausgetobt, ging das Schlachten weiter. „Aber in kurzer Zeit hat sich das Wetter verzogen, und da kämpften wir wieder tapfer, und retirierten keinen Schritt mehr, und es ging den Abend zu, und es wurde dunkel, und wir kamen auf den Hügel, wo die Kanonen von uns standen, und da sahen wir in das Feld hinunter, und sahen auch, dass mancher Kanonenschuss zwanzig, dreißig Mann vom Feind zu Boden gerissen hat, und dieses Gefecht dauert bis 10 Uhr in die Nacht, und da haben wir den letzten Schuss gemacht."

Als die überlebenden Soldaten zurückkehrten, um ihre Tornister wieder an sich zu nehmen, stellten sie fest, dass viele leer waren – ausgeplündert. Es ist wahrscheinlich, dass auch der Tornister meines Urgroßvaters von einem Dieb eilig durchwühlt wurde. Das Tagebuch hat er zurückgelassen, denn es war für ihn, der vermutlich weder lesen noch schreiben konnte, ganz und gar wertlos. Er suchte Geld, Essbares, eine Decke oder ein brauchbares Kleidungsstück. Nach geschlagener Schlacht machten sich die Plünderer systematischer ans Werk. Sie fielen über die Toten her. Stiefel waren die begehrtesten Beutestücke. Daher lagen viele Tote mit nackten, weiß schimmernden Füßen im vom Gewitter aufgeweichten Boden. Es war ein Bild vollkommener Wehrlosigkeit, denn was gibt es Wehrloseres als nackte Füße?

Manche Plünderer gingen sehr gezielt vor, sie suchten nach ganz bestimmten Uniformen, ganz bestimmten Abzeichen, Mützen, Hüten, Helmen und Waffen. Es gab nämlich Kunden, die sehr genau angaben, woran sie interessiert waren. Es gab einen Markt für Uniformen. Solferino war ja nicht die erste Schlacht in dieser Gegend. Ein Jahrzehnt zuvor schlugen sich die Österreicher und die Piemontesen in Goito, in Pastrengo, in Novara, in Custozza – alle Orte nur wenige Kilometer von Solferino entfernt. Diese Schlachten waren Teil der ersten italienischen Unabhängigkeitskriege, für die im Werden begriffene italienische Nation wirkten sie Identität stiftend. Weil dies so war, gab es fahrende Theatertruppen, die diese Schlachten zur Erbauung der nationalen Seele nachspielten. Das Stück über Pastrengo war besonders beliebt, denn da errangen die Piemontesen einen glänzenden Sieg, bevor sie in Custozza eine bittere, kriegsentscheidende Niederlage einstecken mussten. Für die Aufführung von Pastrengo brauchten die Theaterleute Uniformen. Die Plünderer besorgten sie gegen gutes Geld auf dem nach Tod und Verwesung riechenden Schlachtfeld von Solferino. Und was wäre gewesen, wenn ein Dieb doch das Tagebuch aus dem Tornister meines Urgroßvaters gestohlen hätte? Es hätte als Grundlage für ein Theaterstück durchaus dienen können. Doch der Dieb konnte nicht lesen. Und das Tagebuch eignete sich nicht für nationale Angelegenheiten. Darum überlebte es in seinem Tornister.

Das Rathaus von Solferino ist von so zarter äußerer Gestalt, dass es einen im Herzen anrührt. Wie ein Puppenhäuschen steht es da und bildet einen scharfen Kontrast zum Turm von Solferino, der sich auf dem Hügel im Hintergrund erhebt. Dort oben spuken Schlossgespenster umher, während hier, auf dem Rathausplatz, eine frische Brise die Hitze auflockert und die Fassade des Rathauses den Betrachter in einen Zustand der Heiterkeit versetzt. Schräg gegenüber liegt die Pasticceria Arcobaleno, von der behauptet wird, sie stelle weit und breit die besten Süßwaren her. Im Inneren leuchten Torten und Törtchen in allen Farben. Grün und Gelb, Rot und Braun, Schwarz und Weiß, Blau und Orange wetteifern miteinander. Geschickt im Raum verteilte Spiegel und Spiegelchen tragen ihres dazu bei, das Farbenspiel in ein wirbelndes Treiben zu verwandeln. Wer seinen Fuß hier hereinsetzt, fühlt sich wie in einem Schmetterlingsgarten, von Farben umflattert und von Düften betört. Der Espresso schmeckt im Arcobaleno so, wie er in Italien schmecken muss, der Konditor sieht aus wie ein Modeschöpfer, und als ich draußen auf dem Platz noch drei alte Männer entdecke, die im Schatten eines Windsegels dasitzen und gleichmütig das Vorbeifließen des Tages betrachten, da weiß ich, dass es Solferino leicht fällt, italienisch zu sein. Nur etwas zu still ist dieser Platz für italienische Verhältnisse, wie man sie sich gemeinhin vorstellt. Das liegt nicht an der Tageszeit, denn es ist später Nachmittag, die

Sonne steht tief. Die Hitze fließt langsam in den Straßen ab wie heißer, zähflüssiger Brei. Am Himmel türmen sich die ersten Gewitterwolken, doch dürfte es noch dauern, bis sie schwarz sind und mit einem ohrenbetäubenden Krachen zerbersten. Es ist eine gute Stunde, um auf der Piazza ein wenig zu plaudern, doch es kommt kaum jemand vorbei. Solferino wirkt verlassen. Das pralle Leben macht einen Bogen um dieses Dorf. Im neun Kilometer entfernten Castiglione delle Stiviere rauchen die Fabrikschlote, im nicht viel weiter entfernten Sirmione flanieren Urlauber am Ufer des Gardasees und in Mantua, das fünfunddreißig Kilometer weiter Richtung Süden liegt, sitzen die Behörden und verwalten die gleichnamige Provinz. Solferino liegt geographisch mittendrin und doch abseits. Das war immer schon so. Das Dorf war arm, weil es ausschließlich von der Erde leben musste, doch die gab nicht viel her. Hier standen keine Produktionsstätten, und das war eher die Ausnahme. Die Lombardei nämlich gehörte schon Mitte des neunzehnten Jahrhunderts zu jenen Regionen des k. u. k. Reiches, die am stärksten industrialisiert waren. Das war mit einer der Gründe, warum um diese Gegend so erbittert gekämpft wurde. Heute ist die Lombardei eine der wirtschaftlich stärksten Regionen Europas. Doch was früher für Solferino ein Mangel war, seine Abgeschiedenheit, das gereicht ihm heute zum Vorteil. Die modernen Zeiten sind hektisch und da lassen sich die Menschen gerne hier nieder. Es ist beschaulich und manchmal so still, dass in den Straßen, wenn Wind aufkommt, das Rascheln der Bäume zu hören ist. Wer will, ist in wenigen Minuten mittendrin im modernen Leben, auf der Tag und Nacht tosenden Autobahn, die Mailand und Venedig verbindet. Brescia, Bergamo, Verona, Vicenza, Padua, Venedig, Mailand – alle diese Städte lassen sich per Auto in maximal zwei Stunden erreichen. Die Lkws rauschen auf dieser dreispurigen Asphaltpiste gleich herdenweise vorbei, eine grollende, donnernde Armada, beladen mit den Gütern Italiens, die für ganz Europa bestimmt sind. Die Autobahn ist die Nabelschnur der Lombardei und Venetiens, und Solferino ist eine winzige Perle, die etwas lose, aber doch sehr zäh an ihr hängt. Schnitte man sie davon ab, sie würde wieder zurückfallen in die altbekannte Verlassenheit.

Via Garibaldi, Via Napoleone III. – Solferinos Straßennamen sind eng verbunden mit der Einigungsgeschichte Italiens. Ich wüsste gerne, wie die Straßen und Plätze Solferinos vor der Einigung Italiens im Jahr 1861 hießen. Es ließe sich etwas erfahren über Solferino vor der Schlacht, denn dieses Dorf ist erst am 24. Juni 1859 in die große europäische Geschichte eingetreten, davor war es für die Außenwelt ein bedeutungsloses Nest, auf das die Städter – wenn überhaupt – mit einer Mischung aus Angst und Verachtung herunterblickten. Für manchen Stadtbewohner allerdings war das Dorf Projektionsfläche für die eigenen Träume vom einfachen, bukolischen Leben. In der Imagination der Zivilisationsmüden, die es zu allen Zeiten gab, wurde Solferino zu einem Hort der Reinheit, unbefleckt von den Sünden des modernen Lebens, standhaft gegenüber seinen Versuchungen. Im Jahr 1789 kam der Mathematiker und Jesuit Francesco Luini aus Mantua für eine lange Sommerfrische hierher – wenige Tage vor dem Sturm der Bastille in Paris, dem Ausbruch der Revolution, die wie ein Sturzbach die alten Verhältnisse in Europa durcheinander wirbeln sollte. Als Luini Freunden in Mantua von seiner Absicht berichtet, sich für einige Monate nach Solferino zurückziehen zu wollen, um sich dort von den Zumutungen des modernen Lebens zu erholen, machen sie sich über ihn lustig. Was er denn dort zu suchen habe? Lauter Halsabschneider bevölkerten diese Gegend, Schmuggler, Diebe, ungehobeltes Pack. Es sind die Vorurteile des bornierten Bürgers gegenüber einer Landbevölkerung, die er nicht versteht, noch verstehen will. Luini freilich berichtet in seinen Briefen aus Solferino ganz etwas anderes: „Wie oft ich mir auch im Nachhinein über die Bewohner Gedanken gemacht habe, ich habe nur Menschen getroffen, die den unseren sehr ähnlich sind. Unschuldig, höflich, liebenswert, liberal, Freunde der Freunde und Freunde der Fremden. Die Engländer nennen diese Art von Menschen Gentleman. Eine Bezeichnung, die ich den Einwohnern von Solferino gerne gebe.“[2] Das sind ehrbare Worte, doch ändern sie nichts daran, dass das Solferino vor der Schlacht eine Art Niemandsland war, von größeren Ereignissen der Geschichte nur gestreift.

In unserem Bewusstsein geboren wurde Solferino am 24. Juni 1859. Es kam durch tausendfachen Tod zur Welt. Dieser Tag gab dem Dorf seine Identität, die es bis heute formt. Die Schlacht schweißt die Bewohner zusammen, nicht in einem kriegerischen Sinne, ganz und gar nicht, sondern in dem Sinne, dass sie sich nach der Schlacht untereinander ganz neu verbunden fühlen und fühlen müssen. Denn von außen betrachtet ist Solferino nur das Solferino der Schlacht. Der 24. Juni 1859 wob dieses Dorf ein in die Geschichte Italiens. Er gab den Bewohnern ein Selbstbewusstsein und einen Stolz, den sie vorher nicht hatten. Oder wie kann man sonst erklären, dass ein Dorf, das etwas mehr als zweitausend Einwohner zählt, sich selbst ein Buch schenkt, das den Titel trägt: „Ricordi di Solferino. Fotografie ed altro dei cent'anni dopo la battaglia" – „Erinnerungen an Solferino. Fotografien und anderes hundert Jahre nach der Schlacht".

Ich habe dieses Buch in einer Buchhandlung von Castiglione delle Stiviere erworben, wo es in einem Regal zusammen mit einem halben Dutzend Büchern und Publikationen über Solferino stand, die meisten bezogen sich auf die militärischen Aspekte der Schlacht. Die „Ricordi" sind in einer limitierten Ausgabe von fünfhundert Exemplaren erschienen. Meines trägt die Nummer 401, worauf ich ziemlich stolz bin, denn kaum hatte ich das Buch aufgeschlagen, wurde mir klar, dass ich etwas sehr Besonderes in der Hand hielt. Es gibt viele bebilderte Dorfchroniken, doch „Ricordi di Solferino" ist viel mehr als das. Es legt dem Leser das Herz einer Gemeinschaft zu Füßen, das vor hundertfünfzig Jahren zu schlagen begann. Auf jeder Seite des Buches ist ein Pulsen und Vibrieren zu spüren und in einem fort begegnen dem Betrachter Fotos von seltener Anmut. Kaum ein Foto des Buches könnte man als künstlerisch wertvoll einstufen. Es sind Alltagsfotos, Schnappschüsse. Da sieht man alle Jahrgänge der Schulklassen von 1920 bis 1952, Scharen ernst dreinblickender Kinder, bewacht von meist strengen, doch manchmal freundlich lächelnden Lehrern. Faschisten der zwanziger und dreißiger Jahre sind zu sehen. Sie wirken aufgeblasen, wie kostümierte dilettantische Schausteller, ein gezielter Stich und sie würden in sich zusammenfallen. Da sind Männer im Gasthaus, Frauen bei der Näharbeit, da sieht man Fußballspieler und Feiernde beim Wein, Jäger mit Dutzenden von erlegten Hasen, die auf lange Stangen aufgehängt sind, Bauern bei der Ernte, Wäscherinnen, einen Schafhirten, der ein Schaf auf dem Rücken trägt, einen Bauern, der seinen Pflug durch unwillige Erde zieht, da sind Hochzeitsfotos, manche strahlend vor Glück, andere ganz steif vor Pflichtgefühl, Fotos von Musikanten, so lebendig, dass man sich vorstellen kann, wie die Gitarristen, Trompeter und Trommler davon träumten, ganz groß rauszukommen mit einem Schlagerlied und das Festival von Sanremo zu gewinnen. Da gibt es Fotos von plaudernden, lachenden Menschen im Freien, auf Stühlen sitzend, ein heißer Sommer muss es gewesen sein, und sie haben sich gerade eine lustige Anekdote erzählt und an einem Glas Wein genippt. Und es ist ein Fisch- und Vogelhändler zu sehen, wie er erschrocken vor der Kamera steht, in der linken Hand einen Fisch, in der rechten einen Vogel.

Er könnte ein russischer Leibeigener aus der Zarenzeit sein. Das ist mir das liebste Foto der „Ricordi".

Die Herausgeber haben versucht, das Buch nach Themen zu ordnen, gelungen ist es ihnen nicht. Solferinos Dorfleben ist zu struppig, als dass es sich einer Klassifizierung unterwerfen könnte. Da stehen zum Beispiel drei Seiten des Buches unter der Kapitelüberschrift „Solferinesi in movimento". Das erste Foto zeigt von der Seite einen Mann, der einen Esel reitet. Er trägt einen Sonntagsanzug und auf dem Kopf einen flachen Strohhut. Etwas in den Hintergrund versetzt sitzen, ebenfalls auf Eseln, zwei ganz in weiß gekleidete Frauen. Sie blicken direkt in die Kamera, während der Mann aus dem Bild hinausschaut. Es sieht aus, als würde er an den beiden Frauen vorbeireiten, die ihn neugierig und belustigt betrachten. Die drei sitzen so aufrecht und selbstsicher auf den Eseln, als wären es Pferde edlen Geblüts. „Vittorio Cassa con Alda Annovazzi e un amica" steht als Bildunterschrift. Was machen die drei? Ist es ein Ausflug? Sitzen sie zum ersten Mal auf einem Esel? Warum haben sie sich in Schale geworfen? Reiten sie zu einer Hochzeit oder ist alles nur ein Scherz? Sind sie auf einem Jahrmarkt? Man möchte alles wissen, alles über diese Menschen. Auf den folgenden Seiten sieht man eine Gruppe junger männlicher Fahrradfahrer mit Anzug und Schlips, dann einen jungen Mann namens Zelindo Bignotti, der sein Motorrad präsentiert und dabei aussieht wie eine Mischung aus Marcello Mastroianni und Marlon Brando, und da ist der Flieger Attilio Canzini, eine kleine Gestalt, vor einem Doppeldeckerflugzeug, da sieht man Autos, die von ihren Besitzern mit Stolz vorgeführt werden. „Solferinesi in movimento“, das ist: fahren, reiten, galoppieren, traben, rollen, fliegen, sausen, brausen, flitzen. Alles ist Bewegung, alles ist unbändiges Leben, und alles begann mit dem Tod.

Wie sehr Solferino mit der Schlacht identifiziert wurde, das zeigt eine ebenfalls in den „Ricordi“ wiedergegebene Anekdote. „Gegen Ende der fünfziger Jahre tauchten in Solferino die ersten Fernseher auf. Da es am Abend nicht viele Alternativen gab, versammelte man sich bei ‚Tomaso‘ oder bei der ‚Menege‘, um jeden Donnerstag fernzuschauen. ‚Lascia o radoppia‘. Um diese Sendung zu sehen, kamen mitunter über hundert Menschen. Der Höhepunkt kam, als Teresa Tovini aus Solferino auftrat, um Fragen über die Schlacht von Solferino zu beantworten. Sie beantwortete die erste Frage richtig, die zweite aber falsch. Der Moderator Mike Buongiorno teilte ihr die richtige Antwort mit (General Cucchiari), da rief aus dem Publikum Giuseppe Fiocca, der Turmwärter: ‚Wir nehmen auch die Fehler!‘.“[3]

Solferino ist ein in Blut getränkter Ort, und doch ist es ein Stück sonniges Italien. Es ist für jeden Italienprospekt zur Abbildung geeignet. Man vergisst es leicht, dass dieses Land gleich aus mehreren Kriegen mit vermutlich Hunderttausenden Opfern hervorgegangen ist. Drei italienische Unabhängigkeitskriege zählen die Historiker, der erste 1848, der zweite 1859 und der dritte und letzte 1870, als Rom vom Papst befreit wurde und wie eine reife

Frucht in den Schoß dieser verspäteten Nation fiel. Doch die Serie aus drei Kriegen fasst nur die Höhepunkte auf dem Weg zur italienischen Einigung, es gab eine ganze Reihe von Ereignissen, denen es an Dramatik nicht fehlte. Verschwörungen, Aufstände, Intrigen und eben Kriege ziehen sich wie eine schillernde Kette fast durch das gesamte neunzehnte Jahrhundert Italiens. Wer diese Geschichte von heute aus betrachtet, wird den Eindruck nicht los, alle diese Ereignisse mündeten mit der Notwendigkeit einer historischen Gesetzmäßigkeit schließlich im Einheitsstaat Italien. In Solferino ist diese teleologische Geschichtsauffassung in Stein gemeißelt. In der Straße, die vom Rathaus weg durch den älteren Teil des Dorfes führt, sind jeweils zur linken und zur rechten Seite hin die wichtigsten Daten italienischer Einigungsgeschichte auf kleinen, rechteckigen Marmortafeln festgehalten. Die Schrift ist sehr klein, sodass Fußgänger stehen bleiben müssen, um den Text zu lesen. So könnte es passieren, dass ein historisch interessierter Tourist bei der als erbauend gedachten Lektüre der Marmortäfelchen von einem Einheimischen, der im „Arcobaleno" mit seinem Auto eilig eine bestellte Torte abholen will, zu Tode gefahren wird. Die Straße ist nämlich eng. Es gibt kaum Möglichkeiten auszuweichen, nur der eine oder andere dunkle Torbogen bietet sich dafür an, doch sind sie rar.

Für die Italiener ist der Weg bis zur politischen Einheit lang und gefährlich gewesen. Es brauchte Glück, Beharrlichkeit, Mut und Geschick. Es war nicht ausgemacht, dass sie das Ziel erreichten. Oder doch? Gehörte im neunzehnten Jahrhundert die Zukunft dem Nationalstaat? War es unvermeidlich? Sicher ist, dass vieles, was hier in den Marmortäfelchen eingeschrieben ist, auch hätte anders ausgehen oder andere Konsequenzen haben können. Selbst die Schlacht von Solferino stand lange auf des Messers Schneide, und wenn auch die Österreicher verloren, so brachte dieser Sieg nicht das, was sich die verbündeten Franzosen und Piemontesen erwartet hatten. Sie verfolgten, obwohl sie Seite an Seite kämpften, verschiedene Ziele. Viktor Emanuel II., König von Piemont-Sardinien, und sein umtriebiger, genialer Premier Camillo Cavour wollten die Einheit Italiens von Sizilien bis nach Piemont, vom Krieg gegen Österreich versprachen sie sich zumindest Lombardo-Venetien als Preis. Das sollte eine Kettenreaktion auslösen. Wie Dominosteine fallen sollten das Königreich Neapel, der Kirchenstaat, die oberitalienischen Fürstentümer Mantua und Florenz. Doch fiel ihnen nach Solferino zunächst nur die Lombardei zu, eine ohnehin überreife Frucht. Venetien blieb noch in den Händen der Habsburger. Napoleon III. hingegen wollte in seinem Süden nicht mehr sehen als eine Konföderation kleiner italienischer König- und Fürstentümer. Sein Ziel war es, Frankreich wieder einen gebührenden Platz in Europa zu verschaffen. Das ging nur, wenn er die Ordnung auflösen konnte, die der Wiener Kongress nach den napoleonischen Kriegen 1815 geschaffen hatte. Die Habsburger waren gemeinsam mit dem zaristischen Russland die Garanten dieser Ordnung. In den Augen

Napoleons III. war Norditalien der weiche Unterleib Österreichs. Hier sah er die Möglichkeit, die Habsburger schwächen zu können; einen neuen Staat im Süden Frankreichs, einen möglichen Konkurrenten, wollte er nicht.

Es kam schließlich anders. Auch wenn die Schlacht von Solferino nicht direkt zur italienischen Einheit führte, stieß sie doch eines der entscheidenden Tore auf. Eine scheinbar unerschöpfliche Energie floss da hindurch, der Traum von einer unabhängigen, freien Nation. Es gab keinen Mann, dessen Leben mehr davon geprägt war, als Giuseppe Garibaldi. Nach ihm ist eine Straße in Solferino benannt. Garibaldi ist die Symbolfigur des italienischen Strebens nach Freiheit und Einheit. Er war eine romantische Figur, wie sie das neunzehnte Jahrhundert vielfach hervorbrachte. Ein Guerillero, der keinem Kampf aus dem Weg ging, nirgendwo. Er wird „Held der beiden Welten" genannt, weil er nach seinen ersten bewaffneten Rebellionen gegen die Habsburger nach Südamerika fliehen musste, wo er sich umgehend den dortigen Aufständischen anschloss, die gegen die Monarchien kämpften. Er war ein Internationalist der ersten Stunde.

Es ist also die Via Garibaldi, die mich in einem leichten, ansteigenden Schwung der italienischen Geschichte entlangführt, mitten durch Solferino. Da ich Schritt für Schritt der italienischen Geschichte entlanggehe, von den dunklen Jahren der Unterdrückung und Zerissenheit bis zum Licht der Freiheit und Einheit, wie auf einer Treppe von unten nach oben gewissermaßen, erwarte ich unwillkürlich, dass mir am Ende ein Höhepunkt präsentiert wird, ein Symbol, dass das erreichte Ziel fassbar macht, ein Denkmal zum Beispiel. Doch nach dem letzten Täfelchen kommt nichts, nur eine Straßenkreuzung, links geht es steil den Hügel hoch, rechts führt die Straße, leicht abfallend, in die Ebene Richtung Mantua. Mir ist, als hätte ich die Spitze eines Berges erklommen, und nun tut sich vor meinen Augen ein Abgrund auf. Nach der Einheit folgt in der Via Garibaldi nicht das Paradies, kein finaler, erhebender Fanfarenstoß, der den Höhepunkt nationaler Geschichte begleitet, sondern nur gähnende Leere. Noch ein Schritt nach vorne und ich fiele ins Nichts.

Ich entscheide mich, nicht den Hügel hinaufzugehen, sondern die Straße nach rechts zu nehmen. Ich will mit dem Auto nach San Martino fahren. Dieser Ort liegt am nördlichen Ende der insgesamt zwanzig Kilometer langen Front, an der sich die Schlacht entfaltete. Die italienische, patriotische Geschichtsschreibung bemühte sich, die Schlacht von Solferino als Doppelschlacht darzustellen: „Battaglia di Solferino e San Martino". Hier die Franzosen, dort die Piemontesen. Das war nicht als Konkurrenz gemeint. Der italienische König Viktor Emanuel II. rief bei Ausbruch des Krieges seinen Soldaten voller Begeisterung zu: „Hier gibt es Glorie für alle!", als handle es sich dabei um eine Beute im Überfluss, die man verteilen könne. Es ging den italienischen Patrioten darum, aus dem eigenen Kampf Legitimation zu ziehen. Das Recht Italiens, Italien zu sein, musste mit italienischem

Blut erworben werden – das war ein Grundsatz nationalen Denkens. Blut war ein Mittel, um sich in das große diplomatische Spiel einzukaufen. Tatsächlich hatten die Italiener ihre Sache erst internationalisieren können, nachdem die Piemontesen im Krimkrieg an der Seite der Briten, Franzosen und Türken gegen die Russen gekämpft hatten. Auf der Krim gab es für das Köngreich Piemont-Sardinien buchstäblich nichts zu gewinnen, außer dass bei der anschließenden Pariser Friedenskonferenz die „italienische Frage" mit auf den Tisch kam. Die Toten waren das Eintrittsgeld.

San Martino ist gut auf den Straßen ausgeschildert, doch finde ich es nicht. Ich verirre mich regelrecht, was an dem heftigen Gewitter liegen mag, das mich überrascht. Die Regentropfen trommeln auf das Dach des Autos. Die Scheibenwischer können nur mit Mühe den Blick auf die Straße freihalten, die sich plötzlich verdunkelt. Autos mit eingeschalteten Scheinwerfern kommen mir entgegen. San Martino muss ganz in der Nähe sein, wahrscheinlich in Sichtweite, doch kann ich es nicht erkennen. Das Schild, das ich eben noch gesehen habe, wies in eine Richtung, doch an der nächsten Weggabelung ist kein Schild zu sehen, sodass ich nicht weiterweiß. Ich versuche, mich ausschließlich auf meinen Instinkt zu verlassen, doch auch er lässt mich im Stich. Mir fällt ein, dass die österreichische Armee beim Aufmarsch und während der Schlacht mehrmals die Orientierung verlor. So unwahrscheinlich mir das erschien, als ich davon las, so sehr glaube ich es nun, da ich mich selbst verfahren habe. Wieder, wie bei der Lektüre des Tagebuchs meines Urgroßvaters, sehe ich das Bild einer chaotischen Armee vor mir. Soldatenkolonnen, die mal hierhin, mal dorthin marschierten, vor, zurück, vor, zurück. Viele Orte und Weiler hier tragen Namen, die ähnlich klingen, besonders in den Ohren eines tschechischen, eines ungarischen oder kroatischen Offiziers. So kam es, dass ganze Kompanien in die falsche Richtung marschierten. Die Schlacht hatte unerwartet begonnen. Die Offiziere hatten ihre Soldaten für diesen Tag nicht auf einen größeren Zusammenstoß vorbereitet. Sie wussten, sie spürten vielleicht, dass der Feind sehr nahe war, doch dass er sich schon in Schussweite befand, das mochten sie nicht recht glauben. Niemand hatte sie vorgewarnt. Erst als sich die Gewehrsalven intensivierten, als Kanonendonner anhob und der Lärm voranstürmender Reiter zu hören war, da muss den Soldaten klar geworden sein, dass eine wirkliche Schlacht begonnen hatte.

Welche Auswirkung hatte es auf ihre Moral, als sie merkten, dass ihre Offiziere sich in der Landschaft verloren hatten? Wie sollten sie darauf vertrauen, dass eben diese Offiziere sie im Kampf gut führen würden? Sie liefen ja verwirrt umher, erteilten widersprüchliche Befehle und versuchten, so gut es eben ging, ihre Hilflosigkeit zu verbergen. Überhaupt, warum kämpften die Österreicher hier? Für die Krone? Ja, aber was bedeutete die Krone für die einzelnen Nationen des Vielvölkerreiches? Manche Nation hatte sich ihr völlig entfremdet. Das war dem österreichischen Generalstab bewusst. Er misstraute vor allem den italienischen Truppen seines Heeres und suchte sie nach Möglichkeit bei Italienfeldzügen nicht einzusetzen, um ihnen keinen Anlass zur Desertion zu geben. Aber wie sah es mit der Moral unter den deutschsprachigen Österreichern aus? Im Tagebuch meines Urgroßvaters ist keine Begeisterung zu spüren. Es gibt keine Zeile zum Warum dieses Krieges. Er tat seine Pflicht. Wenn ihn etwas anzutreiben schien, so war es die Freundschaft und Loyalität, die er gegenüber den Kameraden empfand.

Ganz anders war es für die Piemontesen. Sie kämpften für eine Sache: die Freiheit Italiens. Sie wurden getragen von einer Welle der Begeisterung. Eine Woche vor der Schlacht beschrieb ein junger Offizier in einem Brief an die Familie den Vormarsch durch die Lombardei mit folgenden Worten: „In jeder Stadt, jedem Dorf und jedem Weiler brach bei unserer Ankunft ekstatischer Jubel aus. Die Glocken läuteten, die Balkone waren geschmückt, nachts gab es sogar Lichterketten zu unseren Ehren. Die Einwohner laufen uns entgegen, umarmen uns, sie überschütten uns mit Segnungen, sie reichen uns Blumen.“ [4]

Im Tagebuch meines Urgroßvaters ist davon nichts zu lesen. Die Einheimischen kommen in seinen Berichten kaum vor. Wenn er sie beschreibt, dann eher als etwas Fernes und Fremdes. „Wir haben außerhalb des Dorfes, rechts bei der Straße, in einer Wiese bei einem Bauernhaus das Lager aufgeschlagen. Aber dieser Jammer von dem Bauern, denn es wurde ihm das ganze Gras zusammen getreten, und so ist der ganze Nutzen auf ein Jahr in Dreck getreten, und hier haben wir auch kein Brot bekommen, und kein Geld. So haben die Offiziere eine Anordnung gegeben, dass die Bauern für das Militär eine Polenta gekocht haben, und da haben sie uns Polenta ins Lager bringen müssen. Wir sind alle froh gewesen, dass wir etwas zu essen bekamen. Den 14ten sind wir dort abmarschiert (...) und im nächsten Dorf hat man gar nichts zu kaufen bekommen, nicht einmal eine Zigari, denn es war alles schon ausgeplündert und versperrt." Die Österreicher kommen durch feindseliges Gebiet.

Noch immer habe ich San Martino nicht gefunden. Der Regen lässt langsam nach, und während ich auf einen Hügel Richtung Pozzolengo hinauffahre, sehe ich am Horizont einen schwarzen Regenvorhang. Heftiger Wind drückt ihn Richtung Norden, weg von mir. Im Ortskern von Pozzolengo halte ich auf einem kleinen Platz an. Es ist eine Art Balkon mit steinerner Balustrade, von dem aus man einen freien Blick auf die Landschaft hat. Es regnet nicht mehr. Vor meinen Augen entrollt sich die Landschaft, die vor Jahrtausenden von Gletschern so geformt worden ist. Es braucht kein großes Vorstellungsvermögen, um die Eismassen zu sehen, die aus den Bergen hervorquollen und riesige Mengen Stein und Schutt vor sich herschoben. Die Anhöhe, auf der ich stehe, ist so entstanden, alle Hügel, Täler, Gräben und Schluchten hier sind vom unerbittlich mahlenden Eis geschaffen worden. Es sind die buckligen Kinder der Gletscher. Der Gedanke an diese in Jahrtausenden geformte Landschaft lässt die Armeen, die sich hier bekriegten, noch winziger erscheinen, kleiner und vergänglicher – ganz so, als betrachte man sie aus sehr großer Höhe.

Als Napoleon III. sich zum Feldzug gegen die Österreicher entschloss, soll er der Überlieferung nach einem Mann mit dem Künstlernamen Nadar fünfzigtausend Franc angeboten haben, damit er aus einem Heißluftballon heraus die Schlachten, die der Kaiser nun schlagen würde, fotografiere. Nadar, der mit bürgerlichem Namen Gaspard-Félix Tournachon hieß, war Schriftsteller, Karikaturist, Fotograf und Flugpionier, ein Mann von unerschöpflichem Tatendrang. Er selbst schrieb über sich: „Eine oberflächliche Intelligenz, die zu viele Themen berührt hat, um die Zeit zu haben, sich in einem zu vertiefen (...) Ein Teufelskerl, der immer nach Strömungen Ausschau hielt, gegen die er schwimmen konnte, gleichgültig gegenüber der öffentlichen Meinung, unbeugsamer Gegner jedes Gesetzes und jeder Ordnung."

Nadar war eine zentrale Figur der Pariser Bohème des neunzehnten Jahrhunderts. Er hatte sich als Fotograf zum Ziel gesetzt, sein eigenes Pantheon der Pariser Künstler jener Zeit zu schaffen. Und so kamen sie alle vor seine Linse: Charles Baudelaire, Sarah Bernhardt, der „Pierrot" Charles Debureau, Henri Murger, Théophile Gautier, Jules Vernes. Dreihundert Künstler insgesamt fotografierte er und schuf damit ein Dokument von unschätzbarem Wert. Nadar selbst behauptete, er kenne zehntausend Pariser beim Vornamen und niemand hat ihm widersprochen, weil er tatsächlich jeden zu kennen schien. Karikaturen zeigen ihn mit dichtem, welligem Haar, dünnen Beinen und leuchtenden Augen. Er war einer der bekanntesten Franzosen. 1864 baute er den größten Heißluftballon der damaligen Zeit, „Le Géant“, und landete damit am Unabhängigkeitstag Belgiens spektakulär in Brüssel. Er war der Erste, der Fotografien mit künstlichem Licht, der Erste, der Fotografien unter der Erde, und der Erste, der Fotografien aus der Luft schoss. Napoleon III. also beauftragte durchaus den Richtigen. Wenn einer es schaffen konnte, eine ganze Schlacht von oben zu fotografieren, dann Nadar. Der Kaiser hoffte offensichtlich, dass ihm diese relativ neue Technik ungewöhnliche Resultate bringen könnte. Mit welchem Stolz hätte er nach Ende des Krieges wohl diese Fotos an seinem Hof präsentiert!

„Hier – sehen Sie nur! –, das ist meine kaiserliche Garde, wie sie voller Todesverachtung den Hügel von Solferino hinaufstürmt! Was? Sie sehen das nicht? Treten Sie näher, näher. Sehen Sie?! Da! Da blitzen ihre edlen Rüstungen in der Sonne! Und hier, der Rauch?! Das sind meine Kanoniere. Und dort, sehen Sie den Staub, der aufwirbelt?! Das ist meine stolze Kavallerie! Und dieser Haufen dort, das ist der Feind, der vor Frankreich flieht!“

So hätte der Kaiser vor einem ehrfürchtig lauschenden Publikum reden können. Der Auftrag an Nadar verrät viel darüber, wie Napoleon III. diesen Feldzug betrachtete. Während die Piemontesen hier von nationalem Eifer erfüllt in die Schlacht zogen, die Österreicher hingegen eher mit mürrischer Pflichterfüllung zu Werke gingen, war Solferino für Napoleon III. eine Gelegenheit, sich glanzvoll in Szene zu setzen. Die Luftaufnahmen sollten Teil einer pompösen Machtdemonstration werden, doch Nadar machte dem Kaiser einen Strich durch die Rechnung. Er weigerte sich, den Auftrag anzunehmen. Er sei, so soll er dem Kaiser ausrichten haben lassen, ein überzeugter Republikaner und als solcher Gegner seines imperialen Italienfeldzuges. Trotzdem, auf beiden Seiten der Front stiegen Ballons in die Höhe, doch waren sie nicht von Künstlern gesteuert, sondern von den Militärs. Diese Ballons waren nicht dazu da, dem Kaiser ein anspruchsvolles Schlachtengemälde zu liefern. Sie dienten der militärischen Aufklärung. Doch wie man weiß, versagten diese Aufklärungsballons, denn die Schlacht begann aus Zufall. Die Armeen gerieten aneinander wie zwei verirrte, ängstliche, wütende Tiere.

Von dem Platz in Pozzolengo aus, auf dem ich jetzt stehe, hätte man sicher sehen können, wie die Ballons am frühen Morgen in den sich aufhellenden Himmel fliegen, wie sie dann im grellen Licht dieses heißen Sommertages blinken, wie sie von der aufziehenden Gewitterfront verschluckt werden, wie einige Ballons, von Blitzen in Brand gesetzt, lichterloh brennend zu Boden stürzen, wie Windböen die Ballons in die nahe liegenden Berge treiben, wo sie an felsigen Wänden zerschellen. Wie auch immer es geschehen sein mag, von den Aufklärungsballons ist keine Spur geblieben. Nadar freilich, der unverwüstliche Nadar, hätte den

Sturm von Solferino überlebt. Ich sehe ihn vor mir, eine riesige Kamera haltend, fotografierend, fliegt er über Solferino durch die Lüfte, mit wehendem Haar und vor Begeisterung funkelnden Augen. Jules Verne, der Science-Fiction-Schriftsteller des neunzehnten Jahrhunderts, hat ihn sich ähnlich vorgestellt, wie einen Abenteurer, der das Unmögliche schafft. Nadar diente Jules Verne als Vorbild für seinen Roman „Von der Erde zum Mond" und er inspirierte ihn zu dem Bestseller „Fünf Wochen im Ballon".

Während ich mich von solchen Tagträumen davontragen lasse, hellt sich der Himmel auf. Die Sonne taucht das Land in goldenes Licht. Die Wolken haben sich in den Bergen verfangen, abgedrängt vom Wind hängen sie dort, schlaff und leer. Es wird ein schöner Abend, aufgefrischt von dem Gewitter, umfängt er das Land bereits mit kühlen Händen. Ich steige wieder ins Auto auf der Suche nach San Martino. Als ich den Zündschüssel umdrehe, denke ich, dass ich mir vielleicht eine falsche Vorstellung von dem Ort mache. „San Martino della Battaglia" hatte ich vor einigen Tagen auf einem großen Schild bei der Autobahnausfahrt von Desenzano gelesen. Der Name stand mit weißer Schrift auf blauem Hintergrund. Das hat mich glauben lassen, es handle sich um einen großen Ort. Wie sonst konnte man dieses Schild auf einer der meistbefahrenen Autobahnen Italiens rechtfertigen? Der Gedanke, dass San Martino della Battaglia nicht wegen seiner Einwohnerzahl prominent ausgeschildert war, sondern weil es für die Geschichte Italiens von Bedeutung ist – dieser Gedanke war mir gar nicht gekommen. Doch wird mir jetzt mit einem Schlag klar, dass die reale Größe San Martinos nicht zählt, seine historische, im nationalen Denken verankerte Rolle bestimmt seine Größe. Die Imagination allein rechtfertigt seine Präsenz und seinen Rang.

Wonach ich also suche, ist wahrscheinlich sehr klein, womöglich ein Weiler, nicht mehr. Ich achte nun auf Dinge, die ich bisher nicht registriert hatte. Tatsächlich stoße ich wenige Autominuten von Pozzolengo entfernt auf eine Abzweigung, die den Eindruck macht, als brächte sie einen auf einen Landweg, der nur von Traktoren und Geländewagen befahren wird. „San Martino" steht auf einem verbeulten Schild, das sich zu Boden neigt und den nächsten Sturm wohl nicht überleben wird. Ich biege ab. Die Straße führt mich zuerst abwärts in eine Mulde und dann den sanft ansteigenden Hügel hinauf, auf dessen Spitze ein Turm steht. Er ist viel höher als der von Solferino. Er ist sicher schon von Weitem zu sehen, und ich wundere mich, dass ich ihn bei meiner Suche nach San Martino nicht bemerkt habe. Ich schiebe es dem Gewitter zu und lasse das Auto langsam den Hügel hochrollen, auf alles achtend, denn ich will mich jetzt nicht verlieren. Das ist praktisch unmöglich, weil die Straße nur in die eine Richtung führt, in die Richtung des Turmes von San Martino, doch bin ich inzwischen derart verunsichert, dass ich mich nicht wundern würde, wenn sich plötzlich vor mir ein Graben auftäte, der mich zur Umkehr zwänge, oder die Straße mich in weitem Bogen, wie zum

Spott, um den Turm herumführte und dann wieder von ihm weg. Ich habe in den letzten Tagen gelernt, wie dieser nicht besonders große Flecken Erde sich ganz plötzlich weiten kann, wie er unübersichtlich wird, undurchdringlich wie dichtes Unterholz. Es ist eine Landschaft, die ohne Vorwarnung Menschen, Häuser, ganze Dörfer verschluckt. Freilich, Einheimische würden über diese Bemerkung lachen, denn sie finden sich ohne Mühe zurecht. Solferino? Cavriana? San Martino? Pozzolengo? Alles kein Problem für sie. Doch machen sie sich etwas vor. Denn auch wer hier heimisch ist, kann sich nicht in Sicherheit wiegen.

Zypressen säumen die letzten paar hundert Meter der Straße, die auf einen Parkplatz mündet. Sie geben ihr einen feierlichen Charakter. Selbst im Wagen sitzend spüre ich, dass sich die Atmosphäre verändert. Im Schatten dieser Zypressen bewegt man sich mit Vorsicht, so als könnte man die Tausende hier gefallenen Soldaten stören und ihre Geister zum Leben erwecken. Ihre Totenruhe will respektiert werden. Die andächtige Stimmung verflüchtigt sich, sobald ich auf dem Parkplatz ankomme. Zur Rechten liegt ein Gasthaus mit einer Terrasse, von der aus man einen offenen Blick auf den Gardasee hat. Viele Menschen sitzen dort, trinken Wein und genießen das Panorama. Am Eingang zur Osteria steht ein halbes Dutzend Männer, plaudernd und rauchend. Ich finde eine Parklücke, steige aus dem Wagen und bleibe einen Moment lang unentschlossen stehen. Ich werfe einen Blick durch das Fenster des Gasthauses und sehe, dass etliche Männer an der Theke stehen und Wein trinken. Die Tür geht auf, Geräusche dringen auf den Parkplatz und verklingen gleich wieder. Die Raucher vor dem Gasthaus ziehen andachtsvoll an ihren Zigaretten. „Osteria della Torre“ steht in schwungvollen Lettern über dem Eingang auf erdbraunem Hintergrund.

Das also ist der Hügel von San Martino, an dem die Piemontesen ihr Blut für Italien zu Tausenden vergossen haben. Sie rannten tapfer gegen die Österreicher an, die hier ihre Stellung bis zum Schluss hielten. Als am Abend des 24. Juni der Rückzugsbefehl kam, war der österreichische Kommandant dieses Frontabschnitts, Benedek, empört. Er hatte die Piemontesen immer wieder zurückgeschlagen, obwohl diese ihm zahlenmäßig um ein Vielfaches überlegen waren. Benedek hatte gewonnen. Aber die Schlacht ging für die Österreicher in Solferino verloren, nicht in San Martino, gewonnen wurde sie dort von den Franzosen. Darüber machten sich die Zeitgenossen keine Illusionen. Auch die Gründe für diesen mangelnden Erfolg der Piemontesen waren für niemanden ein Geheimnis. Viktor Emanuel II. von Sardinien-Piemont verstand nichts vom Kriegführen, überhaupt war er ein ungewöhnlicher Monarch, in den Augen vieler seiner Untertanen war er seines Amtes nicht würdig. Das begann schon mit seinem Äußeren, das wenig Edel-Aristokratisches an sich hatte. Er war dick, klein und hatte einen übermäßig großen Kopf, der wie eine schlecht gegossene Kanonenkugel auf seinem kurzen Hals saß. Alles an ihm war etwas grobschlächtig, auch seine Manieren. Es ging das Gerücht, dass er gar nicht aus dem Hause Savoyen stamme, sondern in Wirklichkeit der Sohn eines Metzgers sei. Das war wahrscheinlich eine dieser Geschichten, die verzweifelt eine Erklärung dafür geben wollten, dass auch Monarchen hässlicher sein können, als es ihr Amt erlaubt. Seine eigene Mutter sagte über ihn: „Ich weiß gar nicht, wo dieser Sohn herkommt. Er gleicht niemandem von uns. Und er scheint eigens auf die Welt gekommen zu sein, um uns zur Verzweiflung zu treiben.“[5]

Viktor Emanuel II. war überraschend zum König ernannt worden, nachdem sein Vater 1849 gegen die Österreicher eine vernichtende Niederlage erlitten hatte und zurückgetreten war. Er war nicht als Feldherr bekannt, auch nicht als kluger Politiker – dieses Geschäft beherrschte sein Premierminister Camillo Cavour –, berühmt war er für seine amourösen Eskapaden und für seinen Hang, sich unter das Volk zu mischen, um mit ihm nach Kräften zu feiern, ohne sich um die Würde seines Hauses zu kümmern. Er war von ganz und gar ungetrübter Lebenslust.

Wie Viktor Emanuel II. bei San Martino kämpfen ließ und selbst kämpfte, darüber hat einer seiner Feldadjutanten, General Paolo Solaroli, ein Tagebuch verfasst. Darin charakterisiert er ihn mit folgenden Worten: „Unser König besitzt nichts außer Mut und Leidenschaft; er hat kein Auge, er hat keine starken Nerven, er merkt sich niemals den Namen eines Dorfes; er behauptet, er kenne die ganze Landkarte auswendig. Wenn es mit Gottes

Hilfe nur so wäre! Aber lassen wir das! Sagen wir, dass er ein großer Edelmann ist, und Gott soll ihn erhalten."[6]

Das Tagebuch Solarolis war nicht für die Öffentlichkeit bestimmt, sondern wahrscheinlich für den Premier Camillo Cavour verfasst, der schon ein recht realistisches Bild seines Königs hatte, dem Solalori mit seinem Kriegstagebuch aber wohl die letzten Illusionen raubte. Viktor Emanuel II. hatte sich mit einem Stab von Jasagern umgeben, darunter vor allem sein Generalstabschef Enrico Morozzo della Rocca. Er widersprach seinem König nie und fand alles, was dieser zu tun beschloss, ganz und gar richtig. Dabei unternahm Viktor Emanuel II. während der Schlacht für einen Befehlshaber ziemlich ungewöhnliche Dinge. Er weigerte sich zum Beispiel, ein Hauptquartier einzurichten, von wo aus er die Lage überblicken, Nachrichten empfangen und Befehle erteilen konnte. Er wollte bei seinen Soldaten sein, an vorderster Front war er dabei. Wo es brannte, da ritt er hin und feuerte die Soldaten an. Seine Generäle ritten ihm kopfschüttelnd hinterher. Viktor Emanuel II. befahl mal eine Gruppe zum Angriff, mal die andere. Er war ganz und gar unfähig, seine Kräfte zu konzentrieren und dann zu einem Schlag gegen die gut verschanzten Österreicher auszuholen. So viel Planung entsprach nicht seinem Temperament. Ihn dürstete nach Heldentaten. Wie er im Privatleben Frauen im Sturm nahm, so gedachte er auch den Hügel von San Martino zu erobern, mit feuriger Leidenschaft und glühendem Verlangen. Er verhielt sich wie ein Jäger, nicht wie ein Feldherr. Als wäre er auf der Fuchsjagd, hetzte er die Front entlang, immer eine vermeintlich lohnende Beute im Auge, doch niemals den ganzen Sieg im Blick.

Irgendwann wurde General Solaroli dieses Treiben zu bunt. Fast den ganzen Tag über hatte er mitansehen müssen, wie Hunderte tapfer kämpfende Soldaten von den zahlenmäßig unterlegenen, aber gut organisierten Österreichern niedergemäht wurden. Es war ein sinnloser Tod, verursacht durch eine verantwortungslose Führung. Solaroli gehörte zu den wenigen unabhängigen Köpfen im hohen Offiziersrang der piemontesischen Armee. Er hatte bis zu dieser Schlacht ein Leben gelebt, das man sich bunter und abenteuerlicher kaum vorstellen kann. Im Alter von fünfundzwanzig Jahren beteiligte er sich 1821 an Aufständen gegen die Österreicher. Er musste danach ins Exil fliehen und landete als Erstes in Spanien, zog danach weiter nach Ägypten, wo er als militärischer Ausbilder anheuerte. Dann nahm er eine Arbeit bei der britischen Ostindienkompanie an. Er kämpfte in Burma und in Afghanistan. Er heiratete die Nichte einer indischen Prinzessin und kehrte 1844 als steinreicher Mann in seine Heimat zurück, wo ihn der König zum Baron ernannte. Ein Mann wie er hatte einen unbestechlichen Blick, er war kein Günstling des Königs, er verstand das Kriegshandwerk und war finanziell unabhängig. Solaroli stellte den König zur Rede. In seinem Tagebuch beschreibt er die Szene:

„Eure Hoheit, die Pferde können sich vor Erschöpfung nicht mehr halten und Sie müssen sich auf einen

festen Platz begeben, wo alle Sie finden und Ihre Befehle zügig entgegennehmen können. Sie sehen doch, dass heute morgen alle umsonst herumlaufen! Im Krieg hängt alles von Präzision und Schnelligkeit ab!' Während ich das sagte, blickte mir der König unverwandt und direkt in die Augen. Er fixierte mich geradezu. Sein Gefolge schwieg. Offensichtlich war der König von meinen Worten überrascht. Ich zeigte, ohne dass ich jemanden beachtete, auf die Anhöhe von Schloss Venzago: ‚Von dort oben wird Eure Majestät alles sehen, und alle werden Sie finden können!' Der König, der mich immer noch anstarrte, sagte: ‚Sie glauben, dass ich von dort alles sehen kann?' Ich bejahte. – Da sagte General La Marmora, der bisher nichts gesagt hatte, wohl wissend, dass er Mitschuld an der Misere trug: ‚Ja, Eure Majestät, von dort oben können Sie alles sehen.' Wir nahmen den Weg und in wenigen Minuten waren wir dort oben (...) Der König blickte auf das Schlachtfeld und sagte: ‚Warum höre ich keinen Schlachtenlärm mehr?' Ich antwortete ihm, weil San Martino vom Feind genommen sei und die unseren sich zurückgezogen hätten. ‚Sie scherzen wohl?!', sagte der König. ‚Nein, Eure Hoheit, schauen Sie durch das Fernrohr und Sie werden den Feind auf der Anhöhe sehen.' – Alle sagten: Ja, ja, das ist wahr. – Der König sagte: ‚Aber sicher geht es uns gut! Die Franzosen haben alles gewonnen, und wir nicht; wir müssen den Hügel nehmen!'"[7]

Etwa fünf Stunden später, zwischen acht und neun Uhr abends, nahmen die Piemontesen den Hügel. Es gelang nur, weil der ungeschlagene Österreicher Benedek den Rückzugsbefehl erhielt. Viktor

Emanuel II. hatte seinen Sieg und Italien seine Helden.

Die Museumswärterin an der Kasse blickt mich ein wenig überrascht an, als ich eine Karte löse. Sie hat um diese Zeit wohl niemanden mehr erwartet, in weniger als einer Stunde würde sie schließen und nach Hause gehen. Ich verspreche ihr, zeitig zurück zu sein, um ihren wohl verdienten Feierabend nicht zu verkürzen. Über einen fein geharkten Kiesweg gelange ich zum Turm. Das Knirschen des Kieses unter meinen Füßen ist das einzige Geräusch. Weit und breit sind keine Besucher zu sehen. Der Turm ist rund und nicht eckig wie der von Solferino. Das erste Drittel wird von festungsgleichen Zinnen abgeschlossen, danach verjüngt er sich nach oben hin und schließt oben wieder mit Zinnen ab. Die Ziegel sind unverputzt und von graugelber Farbe. Dieser Turm sieht nicht aus wie ein Denkmal, sondern wie ein Gebrauchsgegenstand, dessen Schicksal es ist, abgenutzt zu werden, von der Zeit, von der Hitze, vom Regen und den Winterstürmen, die über den Hügel fegen. Man könnte ihn für den Schlot einer riesigen Fabrik halten, nur dass diese Fabrik spurlos verschwunden ist. Der Turm ist der einzige Überrest.

Aus dem Eingang strömt düsteres Licht wie aus einem Keller. Ich trete ein und stehe vor einem Bronzedenkmal Viktor Emanuels II. Die Beleuchtung ist schwach, sodass ich gerade noch seine Körperhaltung erkennen kann, seine Gesichtszüge bleiben mir verborgen. Er steht da wie ein Mann, der Großes geleistet hat. Auf der Kuppel sind

Frauenfiguren abgebildet, die Italien und italienische Städte darstellen, und rund um das Denkmal stehen Büsten italienischer Generäle, die im Kampf für die Unabhängigkeit ihr Leben verloren haben. Die Bilder an den Wänden stellen Viktor Emanuel II. in verschiedenen Szenen dar: beim Einmarsch in Mailand, bei seinem Treffen mit dem österreichischen Feldmarschall Radetzky, bei einer Siegesfeier nach gewonnener Schlacht, zusammen mit dem französischen Kaiser Napoleon III. Die Maler haben sich bemüht, ihn in stolzer, verwegener Pose darzustellen. Alles an ihm verströmt Entschlossenheit, Unbeugsamkeit und Stolz. Auch wenn es sicher nicht die Absicht der ausführenden Künstler war, kann man durch jedes Bild eine Ahnung davon bekommen, warum viele Zeitgenossen diesen König für den Sohn eines Metzgers hielten. Alles an ihm wirkt grob, aufdringlich. Ich gehe im Kreis, um die Figur von allen Seiten betrachten und diesem Mann vielleicht doch etwas Schönes abgewinnen zu können. Doch gelingt es nicht. Viktor Emanuel II. wirkt seltsam deplatziert, notdürftig aufgehübscht für diese Inszenierung. Aus Lautsprechern erklingt die Musik Giuseppe Verdis und alles, was an ihr erhaben ist, wird angesichts dieser Gemälde zum pompösen Beiklang eines schamlos zur Schau gestellten Nationalismus. Vielleicht muss man das neunzehnte Jahrhundert in sich spüren, um die Leidenschaften zu verstehen, die sich hier ausleben.

Eine Rampe führt entlang der Innenwand des Turms empor. Über mehrere Serpentinen geht es immer höher hinauf. Es ist wie in einem Bergwerksstollen: eng, niedrig, düster und modrig. Meine Schritte hallen an den Wänden wieder, immer schneller und schneller gehe ich, um dem beklemmenden Gefühl zu entkommen, das mich befällt. Ich weiß nicht, wie weit man in diesem Turm hochsteigen kann, ich habe die Museumswärterin nicht gefragt, und so schaue ich nach jeder Kehre wieder nach oben, doch ich sehe nur eine weitere Rampe, gleich eng und gleich niedrig wie die vorherige. Schließlich komme ich in einen offenen Raum, der die Form einer Tonne hat. Mein Blick prallt regelrecht auf ein riesiges Wandgemälde. Es stellt eine Schlacht dar, voranstürmende Soldaten, die den Feind gnadenlos niederstrecken. Die Schlacht, lese ich auf einem Messingschild, hat 1848 in Goito stattgefunden, sie war Teil des ersten italienischen Unabhängigkeitskrieges. Ich bemühe mich, die Einzelheiten des Bildes zu betrachten, doch überkommt mich ganz plötzlich Überdruss. So viel Ehre, so viele Helden, so viel Tod. Es ist unerträglich. Ich eile weiter, der Weg führt spiralenförmig nach oben. Nach jeder Drehung komme ich wieder in einen tonnenförmigen Raum, wo mir wieder eine Schlacht präsentiert wird, wieder eine Etappe auf dem langen Weg Italiens zur Einheit. Ein Gemetzel folgt dem anderen, nach jeder Umdrehung ein neues Wandgemälde, Schlachten, Schlachten, Schlachten. Als ich endlich oben ankomme, stürme ich durch eine kleine Tür ins Freie, auf das Dach des Turmes, wo ich nach frischer Luft schnappe. Mir ist, als sei ich in einem mit Todesschreien erfüllten Rohr empor-

9492 Skelette: Die Toten gaben keine Ruhe, sie tauchten wieder auf wie lästige Zeugen eines grausamen Ereignisses (im Ossarium von Solferino).

gestiegen. Meine Ohren sausen, mir schwirrt der Kopf. Selbst wenn ich mich konzentrierte, könnte ich nicht mehr sagen, was genau ich gesehen habe. Dieser Turm ist tatsächlich der Schlot einer riesenhaften Fabrik. Er ist Teil eines gewaltigen Schlachthauses, das hier innerhalb weniger Stunden Tausende Menschen verschlang. In diesem düsteren Schlund kocht immer noch das Blut der Gefallenen. Abends steigt es wie Rauch aus dem Turm und färbt den Himmel rot.

Es dunkelt jetzt und ich müsste zurückgehen, doch bei dem Gedanken, an all den Gemälden im Turm vorbeizukommen, packt mich das Grauen. Ich bleibe und hoffe, mich zu beruhigen. Mit einem leisen Surren setzt sich ein Leuchtturmscheinwerfer in Bewegung. Während er sich dreht, wechselt er die Farben. Zuerst grün, dann weiß, dann rot. Es sind die Farben der italienischen Nationalflagge. Ein Signal, das möglichst weit gesehen werden will. Dieser Turm ist 1893 eingeweiht worden, etwas mehr als zwei Jahrzehnte nach der endgültigen Einheit des Landes. Italien fühlte sich schon stark genug, um im Konzert der großen Mächte mitzuspielen. 1893 kämpften seine Soldaten in Abessinien. Auch sie starben für die Glorie Italiens, und die Äthiopier gleich mit ihnen. Vielleicht, denke ich, kann man die Farben dieses Leuchtturms bis nach Addis Abeba sehen. Viktor Emanuel II. hätte das sicher gefallen.

1834, im Geburtsjahr meines Urgroßvaters, bekam der damals vierjährige österreichische Erzherzog Franz Joseph von seinen Großeltern ein Modell der Palastwache und ein Bataillon handbemalter Offiziere und Soldaten in Habachtstellung geschenkt. Es waren seine ersten Zinnsoldaten. Seine Leidenschaft war geweckt. Bald besaß der kleine Franz Joseph detailgetreue Muster aller Regimenter des Habsburgerreiches. In Briefen an seinen Bruder Maximilian schwärmte er besonders von einer Spielzeugfestung, die sich mit winzigen Kanonen beschießen ließ. Er verbrachte viel Zeit damit, diese Festung zu belagern – oder sie zu verteidigen, je nachdem, welche Rolle er eingenommen hatte. Der kleine Erzherzog, dessen Gesichtsfarbe einer seiner Verwandten mit den Worten beschrieb: „Er sieht aus wie Erdbeergefrorenes mit Schlagobers", liebte Uniformen über alles. Er kannte jedes Detail auswendig. Nie zerbrach er einen Zinnsoldaten.

Es fällt schwer, sich Kaiser Franz Joseph als Kind vorzustellen, noch dazu, wie er das Geräusch von Gewehrschüssen nachzuahmen versucht: Paff! Puff! Paff! Doch muss es sich so abgespielt haben, denn der Kaiser war unzweifelhaft auch einmal ein Kind gewesen. Selbst diese Gewissheit will jedoch nicht recht in meinen Kopf. Wenn ich an ihn denke, sehe ich immer einen alten Menschen. Es gibt ein Foto von ihm, wie er über das Schweizertor in die Innere Hofburg geht. Da ist er achtzig Jahre alt. Er wirkt etwas unsicher auf den Beinen.

Sein Gesichtsausdruck schwankt zwischen altersbedingter Abwesenheit und Nachdenklichkeit. Es ist, als stünde er schon mit einem Bein im gesegneten Nirgendwo. Er trägt einen schlichten Uniformrock. Seine erste Uniform bekam Franz Joseph ebenfalls im Alter von vier Jahren. Während seiner achtundsechzig Jahre lang währenden Herrschaft trug er in der Öffentlichkeit fast immer Uniform. Franz Joseph liebte die Armee und die Armee liebte ihn. Es waren Generäle, die ihn 1848, mitten in der Revolution, auf den Schild hoben. Windischgrätz, Radetzky, Jelačić hießen die drei Kaisermacher. Sie waren auch bekannt unter dem Kürzel WIR. Als sie Franz Joseph auf den Schild hoben, war er gerade achtzehn Jahre alt. Und doch, jung war der Kaiser nie, vielleicht, weil er ein Reich übernahm, das wie ein altes Haus an allen Ecken und Enden unter der Last seiner Geschichte ächzte. Joseph Roth hat im Roman „Radetzkymarsch" beschrieben, wie sich der junge Franz Joseph in der Schlacht von Solferino in Todesgefahr begibt. Roth lässt seinen Helden Leutnant von Trotta über den möglichen Tod des Kaisers sagen: „Die Angst vor der unausdenkbaren, der grenzenlosen Katastrophe, die ihn selbst, das Regiment, die Armee, den Staat, die ganze Welt vernichten würde, jagte ihm glühende Fröste durch seinen Körper."[8] Der Kaiser als Inbegriff der Ewigkeit. Stirbt er, zerspringt die Zeit.

Im Tagebuch meines Urgroßvaters kommt das Wort „Kaiser" nicht einmal vor. Dabei hatte Franz Joseph beim Italienfeldzug den Oberbefehl inne. Wenn mein Urgroßvater kreuz und quer durch

Norditalien marschieren musste und sich mitunter bitter darüber beklagte, war der Kaiser dafür direkt verantwortlich. Denn er hatte sich entschieden, selbst nach Italien zu kommen, um seine Truppen zu führen, nachdem der Oberkommandierende seines italienischen Heeres bei der Schlacht von Magenta gegen die Franzosen und Italiener schon eine Niederlage erlitten hatte. Er war neunundzwanzig Jahre alt, es war das erste Mal, dass er das Kommando eines Feldzuges übernahm. Es sollte das letzte Mal bleiben – nach Solferino würde Franz Joseph seine Soldaten nie mehr in einer Schlacht gegen einen äußeren Feind anführen.

Im Museum von Solferino hängt ein Bild des jungen Kaisers. Er sieht zart und feminin aus. Seine Lippen sind unnatürlich rot, als wären sie geschminkt, und der Schnauzbart ist so dünn, dass man meinen könnte, es sei der erste Bartflaum eines Pubertierenden. Das Bild ist umgeben von Helmen, Schwertern, Säbeln, Kanonenkugeln, Uniformen, Mützen, Gewehren, Tagebüchern, Trompeten – Trümmern einer verheerenden Schlacht. Nicht eine dieser Sachen befände sich in dem Museum, wenn dieser junge Mann mit den kecken roten Lippen sich nicht zum Krieg entschieden hätte. Die Säbel wären in ihren Scheiden geblieben, die Helme auf den Köpfen der Soldaten, die Tagebücher in ihren Tornistern und die Trompeten würden den Zapfenstreich erklingen lassen, kein Soldat wäre in Solferino gestorben und mein Urgroßvater hätte nicht die Entbehrungen auf sich nehmen müssen, die er in seinem Tagebuch beschreibt.

Es gibt mehrere plausible Erklärungen dafür, dass mein Urgroßvater den Kaiser nicht erwähnt: Seine Existenz war so selbstverständlich, dass er ihn nicht einmal erwähnen musste; er vermied es, ihn zu nennen, weil er ihn verabscheute; der Kaiser war etwas so Entferntes, dass er in das Tagebuch eines simplen Soldaten keinen Eingang fand. Ich glaube an diese letzte Version.

Mein Urgroßvater stammte aus einfachen Verhältnissen, doch war er gewiss kein schlichter Mann, dafür war der Weg vom Schuster bis zum Gemeindeschreiber, den er zurücklegte, doch zu weit. Er ging mit offenen Augen durch die Welt. Doch sein Blick scheint nur so weit zu reichen, wie weit seine Augen sehen können. Er protokolliert das Geschehene. Er schreibt den Preis für den Wein nieder, er vermerkt, wann das Essen gut, wann es schlecht ist, er spricht über den Regen, der Wege und Straßen in Schlamm verwandelt, über die unerträgliche Hitze, und er schreibt auf, wenn das Stroh, auf dem er schläft, nass und faulig ist, er nutzt seinen Freigang, um sich ausgiebig umzusehen und es sich nach Möglichkeit gut gehen zu lassen. Er scheint ein fröhlicher Mann gewesen zu sein, dem Wein zugeneigt, neugierig, gesellig und ausgestattet mit einem gewissen Talent zur Freundschaft: „Am 23ten fuhr ich mit dem Stellwagen nach Meran. Und dieses ist eine Freude gewesen für mich denn alle meine Freunde haben mich mit Freuden aufgenommen, und ich habe mich auch unter diese Tage gut unterhalten, aber sie sind auch sehr schnell vorübergegangen.“

Franz Joseph muss von seinen Zinnsoldaten geträumt haben, als Kind und wohl auch als Erwachsener. Er lebte zu sehr in der Welt der Uniformen und Paraden, als dass man dies ausschließen dürfte. „Am Abend heißt es auf und vor zum Feinde gegen den Po, wo wir ein sehr schlechtes Lager haben, denn in der Nacht hat es stark geregnet und alle Felder waren voller Dreck." Das ist ein Satz aus dem Tagebuch meines Urgroßvaters.

Franz Joseph könnte ihn gehört haben, in seinen Träumen, ganz gewiss sogar hat er ihn vernommen, zu oft ließ er seine Zinnsoldaten gegen imaginäre Feinde vorrücken, in seinem Spielzimmer in Schönbrunn und später auf den Schlachtfeldern von Solferino und den vielen anderen, die er während seiner langen Herrschaft mit wenig Erfolg beackerte. Franz Joseph, der nie einen Zinnsoldaten zerbrach, führte im Laufe seiner langen Herrschaft Zehntausende Soldaten in den Tod. Spielend muss er sich manchmal vorgestellt haben, wie es sein muss, „ein sehr schlechtes Lager zu haben" und durch „Felder voller Dreck" zu marschieren, er muss sich auch ausgemalt haben, wie man auf diesen Schlachtfeldern stirbt und manchmal aus Zufall zu Tode kommt, so wie der Mann, von dem mein Urgroßvater berichtet: „Wir gehen zu einem Begräbnis, denn es wurde ein Wachtmeister von der Gendarmerie begraben, der von seinem Kameraden auf Patrouille erschossen worden ist, denn weil er ihn wollte probieren, ob er seinen Dienst macht, und er hat ihn auch gemacht, denn er hat ihn angerufen, und der Wachtmeister hat ihm keine

Antwort gegeben, und dann hat er losgefeuert und hat ihm eine Kugel durch den Leib geschossen und er war tot."

Die Träume des Kaisers waren dicht bevölkert mit kämpfenden, siegenden, paradierenden, mit tapferen und manchmal aus Zufall sterbenden Soldaten – seltener wahrscheinlich spukten die niedergeschlagenen, die gedemütigten und verletzten Soldaten durch seine Nächte.

Es muss für den Kaiser schwer gewesen sein, Traum und Wirklichkeit auseinanderzuhalten. Zwischen Spiel, Manöver und Krieg waren die Übergänge sehr fließend. Dafür sorgte das Militär. Als Vierzehnjähriger durfte er bei Manövern an der Spitze eines Dragonerregiments reiten. Das war eine besondere Ehre, nicht nur wegen der Dragoner, sondern weil diese Manöver in der Nähe des Schlachtfeldes von Austerlitz stattfanden. Dort hatte Napoleon 1805 den verbündeten Österreichern und Russen eine schwere Niederlage zugefügt. Die Manöver bei Austerlitz waren für Franz Joseph wie ein groß angelegtes Spiel mit seinen Zinnsoldaten, diesmal aber waren die Soldaten aus Fleisch und Blut, die Pferde schnaubten, die Hufe donnerten über die Erde, die Säbel rasselten, die Offiziere bellten schneidende Befehle. Es lässt sich leicht vorstellen, wie der junge Erzherzog erschauerte, wie in einem fiebrigen, heißen Traum.

Was wird wohl im Kopf dieses in Uniformen vernarrten Vierzehnjährigen vorgegangen sein, als er eingedenk der historischen Schlacht von Austerlitz ein Dragonerregiment anführte?

Er wird an Napoleon gedacht haben, den Erzfeind.

Man kann es gar nicht unterschätzen, wie sehr der Feldherr und Usurpator Napoleon I. noch lange nach seinem Tod die Vorstellung europäischer Monarchen beherrschte und ihre Politik beeinflusste. Sein Neffe, Napoleon III., zum Beispiel entschied sich auch deshalb, 1859 den Italienfeldzug zu unternehmen, weil Napoleon I. dort seine ersten großen militärischen Erfolge gefeiert hatte. Als siebenundzwanzigjähriger General schlug er die Österreicher bei Castiglione delle Stiviere vernichtend, wenige Kilometer von Solferino entfernt. Napoleon III. wollte in die Fußstapfen des Militärgenies treten. Er versprach sich von eigenen Siegen in Italien, dass etwas vom Glanz seines Onkels auch auf ihn abfiele. Franz Joseph wird seinerseits das Schlachtfeld von Solferino für geeignet gehalten haben, um späte Genugtuung zu bekommen für die vielen Niederlagen und die Schmach, die Napoleon den Habsburgern vor Jahrzehnten zugefügt hatte. Beide Kaiser waren also auch vom Wunsch nach Glorie, Ehre, Respekt getrieben – weniger von den realen Notwendigkeiten. Denn weder Frankreichs noch Österreichs Schicksal hing von diesem Krieg ab, nur Italien ging es um alles, um die Einheit und die Freiheit.

Camillo Cavour, Piemonts Premierminister, war es gelungen, Napoleon III. auf seine Seite zu ziehen und gleichzeitig Franz Joseph zur Kriegserklärung zu provozieren. Wahrscheinlich glaubte Franz Joseph gar nicht an Krieg, er drohte dem Königreich Piemont-Sardinien nur, damit dieses aufhörte aufzurüsten. Das Recht war auf seiner Seite. Die Lombardei und Venetien waren nach bestehenden Verträgen Teil der k. u. k. Monarchie. Wer diese Besitzungen entwenden wollte, machte sich einer Aggression schuldig, auch wenn es im Namen einer italienischen Nation geschah, die im Werden war. Kaiser Franz Joseph war freilich keiner, der sich zurückzog, wenn er dachte, ihm geschehe Unrecht. Das Problem war nur, dass er dazu neigte, komplexe außenpolitische Problemlagen, die für sein Reich bedrohlich waren, als Duell zu interpretieren: ich oder er. Es ging ihm um die Ehre der Krone, und er handelte sich einen Krieg ein.

Die Nacht vor der Schlacht von Solferino verbrachte Franz Joseph in einem Ort namens Cavriana. Er liegt auf einem Hügel, der sich plötzlich und steil aus der Ebene erhebt. Es ist bereits dunkel, als ich ankomme. Das Auto stelle ich auf einem Parkplatz vor einem mittelalterlichen Tor ab. Auf den ersten Blick wirken das Tor und die dazugehörende Mauer wie der Teil einer wehrhaften Burg, in die sich die Menschen flüchten konnten, wenn in der Ebene wieder einmal Krieg herrschte. Cavriana wirkt schroff und in seiner zur Schau gestellten Wehrhaftigkeit einschüchternd. Das liegt auch daran, dass es auf abschüssigem Felsen gebaut ist, selbst der Parkplatz ist nicht eben. Ich gehe durch das Tor hindurch und komme auf einen hell erleuchteten Platz, auch er ist abschüssig wie fast alles in Cavriana. Selbst die Häuser neigen sich zur Straße, als wollten sie die vorbeigehenden

Menschen genauestens studieren und ihre Gespräche belauschen. Eng umschlungen schlendert ein Liebespaar über den Platz. Sie gehen an mir vorbei, ohne mich zu bemerken. Sie fühlen sich unbeobachtet. Der Mann beißt die Frau in ein Ohrläppchen, sie stößt einen spitzen Schrei aus. Dann lachen beide und es ist über den ganzen Platz zu hören wie in einem Theater mit guter Akustik. Bevor sie durch das Tor hinausgehen, sprechen sie noch miteinander, flüsternd, turtelnd, und über ihnen neigen sich die neugierigen Häuser von Cavriana noch tiefer herab, saugen die Sätze der Liebenden durch ihre offenen Fenster ein wie durch dunkle, rechteckige Ohren. In ihrem Inneren höre ich im Vorbeigehen ein leises Knacken und Knirschen, als mahlten die Häuser die eingefangenen Worte klein, um sie gut verwahrt in ihren Kellern zu horten, für einen späteren Zeitpunkt. Kann sein, dass einmal jemand vorbeikommt, in hundert oder zweihundert Jahren, und wissen möchte, was sich die beiden an diesem einen Abend sagten, und er müsste dann nur die Häuser befragen, um Antwort zu erhalten. Die Häuser von Cavriana sind Wortspeicher. Sie öffnen sich dem, der Geduld hat. Wenn ihre unsichtbaren Tore aufgehen, fließen die Worte aus ihnen heraus, der Platz füllt sich mit den Geschichten, die sich hier ereignet haben, so lebendig, als wäre alles erst gestern geschehen. Nichts verdirbt in Cavriana, kein Lachen, das jemals hier gelacht wurde, kein Wort, das jemals hier gesprochen wurde, kein Schluchzen, das jemals hier erklang, kein Schrei, kein Röcheln, kein Flüstern geht hier verloren. Alles ist gut und für immer aufgehoben, auch das Hufgetrappel, das hier am 23. Juni 1859 erklang.

Kaiser Franz Joseph ritt ein, gefolgt von seinem Generalstab. Das Getrappel der Pferdehufe hallte auf dem Platz wider, die Luft war von den Kommandos der Offiziere erfüllt, von salutierenden Soldaten. Im Nu verwandelte sich der Platz von Cavriana in einen Kasernenhof. Auf die Bewohner muss dieser Aufmarsch wie ein Schock gewirkt haben. Sie konnten nicht damit rechnen, dass österreichische Truppen auftauchten. Die Österreicher hatten sich nach ihrer Niederlage bei Magenta am 4. Juni über den weiter im Osten liegenden Fluss Mincio zurückgezogen. Im Schutze der vier Festungen, des Quadrilatero, leckten sie ihre Wunden. Doch Franz Joseph entschied, über den Fluss zu setzen und dem Feind entgegenzumarschieren. Das war für viele seiner Offiziere eine Überraschung. Denn der Mincio bildet für jeden Angreifer eine schwer zu überwindende Hürde. Man hätte an den Ufern des Flusses den heranrückenden Feind abwarten und dann auflaufen lassen können. Die Kundschafter berichteten ohnehin, dass die Franzosen sehr langsam vorrückten. Ihr Schwung schien zu erlahmen. In der Tat hatte sich Napoleon III. nach seinem Sieg bei Magenta sehr viel Zeit beim weiteren Vormarsch gelassen. Er zauderte und zögerte. Die anfängliche Begeisterung für diesen Krieg war in Frankreich bereits verflogen. Man fragte sich, was der Kaiser denn wirklich in Italien vorhatte. Er riskierte, einen großen Krieg auszulösen. Lohnte sich das? Wegen dieser italienischen Sache? Die

Preußen zogen schon Truppen an der Westgrenze zusammen. Napoleon III. musste fürchten, dass sie ihm den Krieg erklärten, falls er seinen Feldzug gegen Österreich nicht bald beendete. War es das wert? Hatte der Sieg von Magenta dem Kaiser nicht schon genug Glorie gegeben?

Franz Joseph also hätte hinter dem Mincio warten können, bis der Wille dieses ohnehin etwas zweifelhaft motivierten Gegners vollständig erlahmte. Das wäre vernünftig und effizient gewesen, aber auch ein wenig schändlich, einfach und nicht besonders ritterlich. In einem Duell wartet man auch nicht hinter einer Barrikade, bis der Gegner seine Kugel verschossen hat.

Auf der Suche nach einer ehrenhaften Schlacht kam Franz Joseph nach Cavriana. Er quartierte sich in der Villa Mirra ein, die nur wenige Meter vom Hauptplatz entfernt liegt. Die Villa ist ohne Zweifel das schönste und herrschaftlichste Gebäude des Ortes. Sie schmiegt sich an der letzten felsigen Erhebung Cavrianas an, knapp unterhalb eines Glockenturms, der Teil einer inzwischen geschliffenen Festung gewesen war. Die Villa hatte auf Oberbefehlshaber eine unwiderstehliche Anziehungskraft, wohl wegen ihrer Schönheit und ihrer strategisch vorteilhaften Lage. Der österreichische Feldmarschall Wurmser schlug hier sein Hauptquartier auf, als er 1796 Napoleon entgegentrat. Das wusste Franz Joseph und deshalb muss es ihm wie eine Wiederholung der Geschichte erschienen sein, als er hierherkam. Es ist aller Menschen Traum, im Leben eine zweite Chance zu bekommen, um eine

Niederlage wieder wettzumachen. Diese Chance sah Franz Joseph gekommen, diesmal konnte er die Franzosen schlagen. Auch wenn mehr als sechzig Jahre seit der Niederlage von Castiglione vergangen waren, so ist es für einen Monarchen nie zu spät für eine Genugtuung. Monarchien haben ein langes Gedächtnis.

Durch einen hohen Portikus komme ich in den Innenhof und stehe ganz unvermittelt in einem wundervollen Garten. Palmen, Eichen, Zypressen und Zedern aus dem Libanon stehen hier. Die Wege sind mit Kies bestreut. Er schimmert weiß, doch ist es mehr eine Andeutung von Farbe. Das Licht der wenigen Lampen wird von Dunkelheit umschlossen, nichts daran ist bedrohlich, sondern es sieht eher aus, als würden die Lichter gemütlich in trübem Wasser schaukeln. Die Fassade der Villa nimmt Licht und Dunkelheit gleichermaßen großzügig auf und vermischt sie zu einer warmen rötlichen Farbe. Die Fenster sind schwarz, die eleganten Bögen im Erdgeschoss stützen, bleich wie Knochen, das Gebäude, die Konturen des Daches verschwimmen. Die Villa Mirra ist weich gebettet in diese Nacht und schläft einen stillen Schlaf.

Bevor sich der Kaiser hier zur Ruhe legte, beriet er sich noch mit seinen Offizieren und er schrieb vermutlich einen Brief an seine Frau, Kaiserin Elisabeth. Er liebte und er brauchte sie. Siebzehn lange Briefe wird er ihr im Laufe des gesamten Feldzuges schreiben, der ihn vierzig Tage lang in Anspruch nimmt. Tadel, Lob, Sehnsucht, Liebe, Eifersucht, Politik – über all dies schreibt der Kaiser seiner

Frau. Die Niederlage bei Magenta hatte in Wien große Unruhe ausgelöst. Franz Joseph ermunterte seine Sisi, ihren Beitrag zur Beruhigung des Volkes zu leisten: „Ich bitte Dich, um der Liebe willen, die Du mir geweiht hast, nehme Dich zusammen, zeige Dich manchmal in der Stadt, besuche Anstalten. Du weißt gar nicht, wie Du mir dadurch helfen kannst. Das wird die Leute in Wien aufrichten, und den guten Geist erhalten, den ich so dringend brauche!“ [9]

Franz Joseph hatte Sisi auch schon in der Vergangenheit für seine politischen Zwecke eingespannt, besonders in den unruhigen italienischen Provinzen. 1857 besuchte er mit ihr Lombardo-Venetien. Ihm war bewusst, dass die italienischen Besitzungen „schwierig“ waren, und er hoffte sehr darauf, dass der Charme seiner Sisi die Italiener besänftigen könnte. Das bringt er in Briefen an seine Mutter Sophie zum Ausdruck, die ihrer Schwiegertochter lange Zeit reserviert gegenüberstand. Er glaubte, seine widerspenstigen italienischen Untertanen wieder enger an die Krone binden zu können, wenn er ihnen Sisi vorführte, ganz so, als könne einem die Schönheit einer Frau das Bedürfnis nach Freiheit austreiben, ganz so, als könnte sie die Unabhängigkeitskriege, die ein Jahrzehnt vorher stattgefunden hatten, vergessen machen. Die Schlachten von Pastrengo, Novara und Custozza sollten verblassen angesichts der Anmut der Kaiserin. Das war der fromme Wunsch eines Kaisers, der nicht recht verstehen konnte, warum in Italien der Monarchie wenig Liebe entgegengebracht wurde. Doch gelang es nicht. In Venedig und Verona, in Bergamo und Brescia schlug dem Kaiserpaar Eiseskälte entgegen. Nach dieser Reise sollte Franz Joseph den Italienern nie mehr so richtig trauen, selbst den italienischen Soldaten seiner Armee begegnete er mit Argwohn. Schnell gerieten sie bei ihm in Verdacht, Irredentisten zu sein und bei nächster Gelegenheit zu desertieren. Die seltsame Stille, die das Kaiserpaar 1857 erlebte, war ein Vorbote des Krieges.

Der Krieg war schließlich ausgebrochen, und es wird nur mehr ein paar Stunden dauern, bis er auch die Stille der Villa Mirra zerreißt. Doch Franz Joseph weiß davon nichts, er denkt an seine Sisi und wird auch in diesen Nächten noch geplagt von Eifersucht und der Sorge um seinen Ruf als Ehemann. Er ermahnt Sisi, nicht zu oft mit ihrem Stallmeister auszureiten: „Mit Holmes allein kann ich Dich nicht reiten lassen, denn das schickt sich nicht.“ [10] Er schreibt im Schein flackernder Kerzen, im schummrigen Niemandsland zwischen Licht und Schatten. Dann legt er sich schlafen, bewacht von seinen Zinnsoldaten, die mit metallischen Schritten in Reih und Glied über das Parkett seines Spielzimmers in Schloss Schönbrunn paradieren, aufgehoben in seinen Träumen, in denen ihm Männer wie Marschall Radetzky erscheinen.

Franz Joseph bewunderte Radetzky, der ganz entscheidend dazu beigetragen hatte, ihn zum Kaiser zu machen. Als knapp Fünfzehnjähriger besuchte Franz Joseph gemeinsam mit seinem Bruder Maximilian den Feldmarschall in Italien, wo er wie ein Vizekönig unumschränkt herrschte und ein hartes Regime errichtet hatte. Radetzky empfing die Erzherzöge mit einem Spektakel, wie man es selten gesehen hatte. Paraden, Feuerwerke, Reitvorführungen – der greise Marschall bot den jungen Habsburgern die ganze Pracht und den vollen Pomp des Heeres. Für Franz Joseph muss es ein Fest gewesen sein: die farbigen Uniformen, der zackige Marsch der Soldaten, das Blinken und Glitzern der Waffen, und an seiner Seite der Ehrfurcht gebietende Marschall, der 1813 zum Helden geworden war, weil er die strategischen Pläne ausgearbeitet hatte, die Napoleon in Leipzig die entscheidende Niederlage beigebracht hatten. Der 1766 geborene Radetzky war eine Legende, verhasst in Italien, geliebt in Wien. Er verstand es, sich anlässlich des Besuches der Erzherzöge in Szene zu setzen. Aus der Arena von Verona ließ er einen militärischen Aufklärungsballon aufsteigen. Die Veroneser staunten, als sie diesen Ballon über ihren Dächern sahen. Der Marschall wollte damit das Volk beeindrucken und seine Überlegenheit demonstrieren. Man sollte nicht denken, dass er, nur weil er alt war, sich nicht neuen Entwicklungen öffnen konnte. Er glaubte fest an die Zukunft der Luftfahrt, die sich damals gerade zu entwickeln begann. 1849, vier Jahre nach dem Besuch Franz Josephs, sollte Radetzky zum ersten Mal Ballons als Luftgeschosse verwenden. Er schickte fliegende Sprengladungen gegen italienische Patrioten in Venedig, die eine Freie Republik von San Marco ausgerufen hatten. Dem Erzherzog Franz Joseph wird er in der Arena von Verona, während sie die Köpfe in den Nacken legten, um dem Ballon in seinem Flug zu folgen, von den militärischen Möglichkeiten dieser relativ neuen Erfindung erzählt haben. Und Franz Joseph dürfte beeindruckt gewesen sein, denn ihn beeindruckte alles Militärische.

Aber 1857 sah sich Kaiser Franz Joseph genötigt, den Marschall aus dem Dienst zu entlassen. Das fiel ihm schwer, doch Radetzky war alt und starrsinnig geworden. Die eiserne Hand, mit der er die Italiener niederhielt, löste noch mehr Unruhen aus. Franz Joseph sah ein, dass die Monarchie offener sein musste gegenüber ihren italienischen Untertanen, wenn sie sie nicht verlieren wollte. Radetzkys Ablösung sollte ein Zeichen sein, doch war es schon zu spät.

In Joseph Roths „Radetzykmarsch" sagt der skeptische Chojnicki zum Bezirkshauptmann von Trotta über das unausweichliche Schicksal der Habsburgermonarchie: „Aber sie zerfällt bei lebendigem Leibe. Sie zerfällt, sie ist schon zerfallen! Ein Greis, dem Tode geweiht, von jedem Schnupfen gefährdet, hält den alten Thron, einfach und durch das Wunder, dass er auf ihm noch sitzen kann. Wie lange noch, wie lange noch? Die Zeit will uns nicht mehr! Diese Zeit will sich selbstständige Nationalstaaten schaffen! Man glaubt nicht mehr an Gott. Die neue Religion ist der Nationalismus. Die Völker gehen nicht mehr in die Kirchen. Sie gehen in die nationalen Vereine. Die Monarchie, unsere Monarchie, ist gegründert auf der Frömmigkeit: auf dem Glauben, dass Gott die Habsburger erwählt hat, über so und so viel christliche Völker zu regieren. Unser Kaiser ist ein weltlicher Bruder des Papstes, es ist Seine K. u. K. Apostolische Majestät, keine andere wie er apostolisch, keine andere Majestät in Europa so abhängig von der Gnade Gottes und vom Glauben der Völker an die Gnade Gottes. Der deutsche Kaiser regiert, wenn Gott ihn verlässt, immer noch; eventuell von der Gnade der Nation. Der Kaiser von Österreich-Ungarn darf nicht von Gott verlassen werden. Nun aber hat ihn Gott verlassen!"[11]

Vielleicht dachte der Kaiser in dieser Nacht in der Villa Mirra in Cavriana darüber nach, ob es denn richtig gewesen war, offener zu sein. Hatte der alte Marschall nicht doch recht gehabt? Konnte man den Nationalismus nur mit der Knute beherrschen? Oder war es einfach schon zu spät dafür, so wie es Roths Romanfigur Chojnicki beschreibt? Sicher wünschte sich der Kaiser in dieser Nacht einen glänzenden Sieg, wie ihn Radetzky 1849 gegen die Piemontesen errungen hatte – und so reichte der greise Marschall, der 1858 zweiundneunzigjährig starb, in die Träume des Kaisers hinein.

In derselben Nacht befand sich mein Urgroßvater in Pozzolengo, fünf Kilometer vom Kaiser entfernt. Er war erschöpft, denn er musste zuvor „Tag und Nacht Schanzen bauen auf diesen Berg und dabei ist bereits kein Wasser zu bekommen, und mit dem Wein ist es noch schlechter, dass ihm ein jeder gedenken kann von schlechter Qualität". Diese Schanzen waren für den Feind gemacht, den sie am Mincio erwarteten. Es muss ein beruhigendes Gefühl für die österreichischen Soldaten gewesen sein, sich an den Ufern dieses Flusses einzugraben. Sie konnten den Feind, kühl abwartend, anrennen lassen. Mein Urgroßvater war müde, durstig, doch alles in allem wirkte er ziemlich gelassen. Gottvertrauen und die Stellungen am Mincio machten ihn ruhig. Doch dann kam plötzlich der Befehl zum Abmarsch: „Den 23ten sind wir wieder abmarschiert und wieder vor über den Fluss Mincio." Welch anderes Gefühl muss es gewesen sein, dem Feind auf offenem Feld entgegenzumarschieren? Kein selbst gebauter Schutz stand ihnen mehr zur Verfügung, und der Feind war irgendwo, da draußen, wartete vielleicht seinerseits hinter gut gebauten Schanzen auf sie und würde sie abknallen können, ohne dass sie auch nur die Möglichkeit hatten, ihm nahezukommen, geschweige denn, ihn zu besiegen. Mein Urgroßvater wusste vermutlich sehr wenig oder gar nichts von den Schlachten, die hier sechzig Jahre vorher stattgefunden hatten. Und von einer Revanche träumte er gewiss nicht, denn in keiner einzigen Zeile seines Tagebuches ist auch nur die leiseste Andeutung darüber zu lesen. Wenn er schreibt, dass er – nachdem er zur Armee eingezogen worden war – „hin nach Italien" muss, schwingt Sorge mit, die sich aus dem Wissen nährte, dass diese Provinzen des Reiches eine Geschichte der Aufstände, Rebellionen und Interventionen hatten. Italien war ihm ein Stichwort für Schönheit und Unruhe.

Die Anzeichen, dass es bald zu einer Schlacht kommen würde, verdichteten sich. Widersprüchliche Befehle, nervöse Offiziere, Anspannung, die sich unter den Soldaten breitmachte. Trotzdem nahm mein Urgroßvater jede kleine Erleichterung wie ein Geschenk auf. Er wusste auch unter schwierigen Umständen Kraft zu schöpfen. Der 23. Juni „war ein Frommleichnamstag und dieser Tag ist eine Freude für uns, denn am Abend wurden uns die Tornister abgenommen (...) so haben wir auch deshalb diese Nacht ruhiger geschlafen".

Auch der Kaiser schlief und merkte nichts. Sein Widersacher Napoleon III. hatte das Hauptquartier von Brescia nach Montechiari verlegt, noch näher an die Österreicher heran. Kein Offizier weckte ihn, kein Melder kam, um vor der herannahenden Gefahr zu warnen. Auch die Franzosen wussten nicht, wo der Feind stand. Auch ihre Aufklärung war dürftig, doch bemühten sich die Befehlshaber ihre Soldaten zu schonen, und der größte Gegner in diesen Tagen war die Hitze. Der Befehl zum Abmarsch kam für die französischen Soldaten daher um drei Uhr morgens, da war es noch recht frisch und es ließ sich leichter marschieren. Die Soldaten erhielten ein ausgiebiges Frühstück, damit sie bei Kräften waren, wenn die Sonne aufsteigen und das Land in eine glühende Hölle verwandeln würde.

Meinem Urgroßvater blieb keine Zeit mehr, um sich noch einmal zu verpflegen. Die Franzosen überraschten sie im Lager. „Den 24ten in der Früh da hat uns der Kanonen Donner vom Schlafe geweckt, und dass sich diese Freude in Trauer verwandelt. Um 5 Uhr früh beim Abkochen da feuerten sie uns ins Lager, und da ist bald keine Zeit mehr zum Abtragen, also ist die ganze Freud am Johannes Tag ins Wasser geleert. Denn es schmetterten die Trompeten auf allen Seiten, und auf allen Seiten heißt es: Der Feind ist hier, der rückt hier an. Und dann marschierten wir schnell und kampfmutig vor auf einen Hügel und blieben eine Zeitlang, und dort war es das 2te Bataillon vor uns, aber es schien, dass der Feind immer näher kommt. Dann marschieren wir vor, durch das Dorf, und auf der rechten Seite da stand der Feldkaplan und erteilte uns die Generalabsolution und auf der linken Seite da standen die Bauern mit weinenden Augen und betrauerten uns, der eine bringt einen Strohsack, der andere ein Bett und bereiteten für die Blessierten und auch die Häuser und Kirchen wurden geleert damit die einen Platz haben dafür. Und so marschierten wir vor mit fröhlichem Mute in das Schlachtfeld um unsere Kameraden abzulösen. Um 8 Uhr, denn sie waren immer im Freien von früh Morgens, und ohne etwas zu Rasten rückten wir vor, und übernahmen das Feuer."

Kurz nach acht Uhr morgens saß der Kaiser beim Frühstück. Vereinzelte Schüsse waren bereits zu hören, doch hielt er das für Scharmützel einer Vorhut. Als das Feuer intensiver wurde, ritt er aus, um die Lage zu erkunden. Doch erst gegen elf Uhr vormittags wurde ihm klar, dass seine Armee auf der vollen Länge von zwanzig Kilometern in eine Schlacht verwickelt war. Spätestens jetzt erfuhr Franz Joseph am eigenen Leib, dass es eine Sache war, Manöver abzuhalten, eine andere aber, eine echte Schlacht zu führen. Er mochte sich jetzt nach der Ordnung seiner Zinnsoldaten gesehnt haben, die so leicht herzustellen war, denn hier auf dem Schlachtfeld herrschte ein heilloses Durcheinander. An Tapferkeit fehlte es seinen Soldaten nicht, doch musste Franz Joseph am Abend den Befehl zum Rückzug geben. Die Franzosen waren in Solferino, im Zentrum der Frontlinie, durchgebrochen. Der Traum von Revanche entpuppte sich als blutige Täuschung. Jetzt ging es darum, sich so schnell und geordnet wie möglich hinter der Linie des Mincio in Sicherheit zu bringen. Mein Urgroßvater schreibt in seinem Tagebuch: „Wir verlassen traurig diese Gegend, denn weil so viele Kameraden tot und blessiert waren und wir müssen sie all zurück lassen, denn es waren von unserem Bataillon 124 Mann tot und blessiert."

Es kommt die Nacht nach der Schlacht, die Nacht, in der sich Franz Joseph der Niederlage bewusst wird. Nach hektischem Hin und Her kommt er schließlich in Verona an, etwa fünfzig Kilometer von Solferino entfernt. Er setzt einen Brief an seine Frau auf: „Ich ritt nach Volta, wo ich einige Zeit blieb, und dann bei einem fürchterlichen Gewitter nach Valeggio, von wo ich nach Villafranca fuhr. Dort verbrachte ich einen fürchterlichen Abend, denn da waren eine Confusion von Blessierten, Flüchtlingen, Wägen und Pferden, in welches Alles nur mit großer Mühe einige Ordnung gebracht werden konnte. Ich schlief 4 Stunden und fuhr mit der Eisenbahn hierher (...). Das ist eine traurige Geschichte eines entsetzlichen Tages, an dem viel geleistet worden ist, aber das Glück uns nicht gelächelt hat. Ich bin um viele Erfahrungen reicher geworden und habe das Gefühl eines geschlagenen Generals kennengelernt. Die schweren Folgen unseres Unglücks werden noch kommen, aber ich vertraue auf Gott und bin mir keiner Schuld, auch keines Dispositionsfehlers bewusst." [12]

Auch mein Urgroßvater schreibt über die Nacht nach der Schlacht. Seine Einheit hat sich nach Peschiera zurückgezogen, der österreichischen Festungsstadt am Gardasee. „Auf der Straße, da war unser Nachtquartier, aber man kann wenig schlafen, denn es war ein sehr großer Jammer von den Blessierten, denn es wurden viele auf die Eisenbahn nach Verona geliefert und dieser Jammer ist nicht zum Zuhören, den sie auf den Wagen gemacht haben."

Cavriana ist jetzt vollkommen still. Es ist spät geworden, ich gehe noch immer im Park der Villa Mirra umher. Ich denke, gleich wird mich jemand anrufen, um mich zu fragen, was ich denn hier mache, um diese Zeit, verboten sei es, den Park zu betreten. Doch da ist keiner, kein Wärter, kein Nachtwächter, auch kein Bewohner. Die Villa Mirra schweigt beharrlich. Es ist ein schönes Schweigen, umweht von einer leichten Brise, das die Palmenblätter raschelnd bewegt, überwölbt von einem mit Sternen übersäten Himmel, nimmt es mich auf wie einen lange erwarteten Gast. War es so still, als Napoleon III. hier am Abend des 24. Juni ankam? Vor den Mauern von Cavriana stieg er von seinem Pferd und ging zu Fuß durch das Tor auf den Hauptplatz und dann weiter bis zur Villa Mirra. Er wollte

Im Turm von San Martino: So viel Ehre, so viele Helden, so viel Tod.

mit seinem Spaziergang zeigen, dass er anders war als andere Monarchen, zugänglicher, volksnäher, freundlicher. Auch muss es den Bewohnern wie eine Mutprobe erschienen sein, dass der Kaiser der Franzosen nur wenige Stunden nach dem Abzug der Österreicher zu Fuß durch ihren Ort ging. Was, wenn irgendwo in den Häusern ein österreichischer Scharfschütze zurückgeblieben war?

Kaiser Franz Joseph war schon am Nachmittag Hals über Kopf abgezogen und nun empfing die Villa erneut einen illustren Gast. Sie tat es, wie es ihre Art war, mit aristokratischer Grazie und würdevoller Ergebenheit. Napoleon III. schlief im selben Bett, in dem sein Gegner Kaiser Franz Joseph die Nacht vor der Schlacht verbracht hatte – das war eine Geste der Demütigung des Österreichers. Napoleon III. hatte Franz Joseph nicht nur die Lombardei abgenommen, er machte sich nun auch in seinen Träumen breit. Als sei das nicht genug, kam am Abend der wilde, ungehobelte Viktor Emanuel II. von Piemont angeritten. Im Salon der Villa Mirra traf er sich mit seinem Verbündeten Napoleon III. Dieser vermutlich illegitime Sohn eines Metzgers, der sein Leben damit zubrachte, Frauen nachzustellen, und der Usurpator Napoleon verfassten ein Kommuniqué mit dem knappen Titel: „Große Schlacht, großer Sieg!"

Constantine

Es gibt Orte, die so schöne Namen haben, dass ich sie nur wegen ihres Klangs besuchen möchte. Constantine in Algerien ist einer davon. Seit ich ihn zum ersten Mal vernommen habe, will ich die Stadt kennenlernen. Ich weiß nichts über sie, und ich will auch nichts wissen von ihr, bis ich mich eines Tages selbst dorthin begeben kann. Würde ich vorher etwas über sie erfahren, schadete es nur. Irgendjemand müsste mir ja die Information überbringen, ein Mensch, ein Buch, eine Zeitschrift. Das würde Constantine seiner Anziehungskraft berauben. Denn allein ihr Klang öffnet in mir einen Raum und kein Fremder und nichts Fremdes soll ihn betreten. Dort wartet etwas Besonderes, eine außergewöhnliche Begegnung, eine unvergessliche Erfahrung, ein neues Leben. Ich glaube, dass Constantine für den Genfer Geschäftsmann Henry Dunant genau das war – ein Versprechen.

Während ich das denke, stehe ich vor dem Dom von Castiglione delle Stiviere und schaue auf die Ebene von Mantua, die sich vor mir erstreckt wie ein staubiger, ausgetretener Teppich. Da Constantine sein Versprechen nicht eingelöst hatte, war Henry Dunant am 23. Juni 1859 hierhergekommen. Verzweifelt versuchte er Kaiser Napoleon III. zu treffen, um ihn um Hilfe zu bitten. Nachdem dieser zu seinem italienischen Feldzug aufgebrochen war, reiste Dunant ihm eilig nach. Er trieb seinen Kutscher an, der die Peitsche in immer kürzeren Abständen auf die Pferde niedersausen ließ.

Schneller! Schneller! Schweißbäche flossen über die Flanken der Pferde, aus ihren Mäulern troff der Speichel und aus ihren Nüstern dampfte brandheißer Atem. Draußen floss die Lombardei vorbei. Die Ausläufer der Alpen rollten wie Meereswellen auf und ab, sie türmten sich hoch und sanken nieder, um sich dann wieder zu einem wolkenschäumenden Gipfel aufzuwerfen. Dunant hatte keine Augen für dieses Naturschauspiel. In der Tasche trug er ein Empfehlungsschreiben mit sich, ausgestellt von einem Mann, der Zugang zum Hof hatte. Es sollte ihm die Tür zu irgendwelchen Hofschranzen öffnen, die dann wieder eine Tür öffnen sollten und wieder eine, bis er endlich bis zum Kaiser vorgedrungen war. Was für ein langer Weg für eine einfache Sache. Er müsste nur die Gelegenheit haben, den Kaiser für ein paar Minuten zu sprechen, und alles würde sich einrenken. Doch gelang es ihm nicht, schon seit Tagen hetzte er ihm erfolglos nach. Kam Dunant in Brescia an, war der Kaiser schon in Montechiari, war Dunant in Montechiari, hieß es, der Kaiser sei in Castiglione, in Castiglione hieß es, er sei in Solferino. Da tobte bereits die Schlacht. Doch Dunant hoffte immer noch auf die Audienz, die ihn retten sollte. Wenn Napoleon III. nur erführe, dass ein gewisser Henry Dunant ihn sprechen wollte! Sofort würde er ihn empfangen. Warum sollte er sich ihm verweigern? Dunant hatte ihm eine umfangreiche, liebedienerische Schrift gewidmet: „Das wiederhergestellte Kaiserreich Karls des Großen, oder das Heilige Römische Reich, erneuert durch seine Majestät, den Kaiser Napoleon III.“

Außerdem, was hatte er in Algerien nicht alles für Frankreich erreichen wollen?! Mühlen errichten, Bewässerungskanäle anlegen, Weizenfelder pflanzen, so weit das Auge reicht. Algerien sollte die Kornkammer Frankreichs werden, so wie Nordafrika schon einmal die Kornkammer des Römischen Reiches gewesen war. Es waren die hochfliegenden Pläne eines jungen Mannes, der eine seltsame Mischung aus Geschäftsmann und Philanthrop war. Noch in Genf hatte er den Christlichen Verein Junger Männer gegründet, der sich armer Leute annahm. 1855 war er im Auftrag einer Bank zum ersten Mal nach Algerien gekommen. Er war siebenundzwanzig Jahre alt. Das weite Land war 1830 von den Franzosen erobert worden und nun sollte es gefüllt werden mit Kolonisten. Ein Jahr nach seiner ersten Reise warb Dunant im Auftrag der Compagnie genevoise des Colonies suisses de Sétif in der Schweiz Auswanderungswillige an. Es war nicht schwer für ihn, sie zu überzeugen, denn sie waren bereit für den großen Sprung in ein neues Leben. In Algerien aber stellte er fest, dass diese Kolonisten nicht so behandelt wurden, wie es ihnen versprochen worden war. Viele von ihnen starben an vermeidbaren Krankheiten. Dunant empörte sich darüber. Er schrieb ein Buch mit dem Titel: „Die Regentschaft von Tunis". Darin klagte er die Sklaverei an. Doch blieb er bei allen literarischen und philanthropischen Ambitionen Geschäftsmann, mit einem wachen Blick für vermeintliche Gelegenheiten. Er machte sich selbstständig und arbeitete auf eigene Rechnung. Er fand

Investoren, die seinem guten Namen vertrauten. Die Dunants waren eine bekannte Genfer Familie von Geschäftsleuten, religiös, tüchtig, rechtschaffen, ganz nach dem Geschmack der calvinistischen Genfer Banker. Henry Dunant versprach den Investoren hohe Rendite. Dann begann er voll ungeduldigen Tatendrangs bestes Material für Mühlen aus Frankreich zu importieren. Es musste alles schnell gehen, damit seine Träume endlich Wirklichkeit würden. Die Behörden aber bewilligten ihm nur ein kleines Stück Land, viel zu wenig, als dass sich damit die Investitionen hätten amortisieren lassen, die er bereits getätigt hatte. Wenn er nicht in den Bankrott geraten wollte, brauchte er dringend Konzessionen für mehr Land. Doch die Behörden blieben hart. Da entschloss sich Dunant, sich an den Kaiser zu wenden. Der Gedanke, dass dies vermessen war, kam ihm nicht. Es wimmelte am Hofe von Bittstellern. Doch Dunant fehlte es nicht an Entschlossenheit; wenn er einmal eine Sache zu der seinen gemacht hatte, ließ er sich durch nichts mehr abschütteln. Der Kaiser würde ihm die Konzessionen nicht verwehren! Ein Federstrich nur und alles würde wieder ins Lot kommen. Dunant könnte die Mühlen bauen, Algerien in ein wogendes Weizenmeer verwandeln, Frankreich versorgen und den Investoren ihre Rendite auszahlen. Doch Napoleon III. befand sich in Solferino und schlug eine Schlacht. Für Bittsteller hatte er keine Zeit, schon gar nicht für seltsame Geschäftsleute, die ihm wirre Schriften widmeten und von Dingen träumten, die ihre eigenen Kräfte bei Weitem überstiegen.

Auf der Suche nach dem Kaiser und seiner eigenen Rettung geriet Henry Dunant am 24. Juni 1859 mitten hinein in eine Schlacht, die eine unwiderstehliche Sogkraft entwickelt hatte. Es war ein Zufall, der sein Leben in eine vollkommen neue Richtung lenken sollte. *„‚Es war, als wenn uns der Wind vorwärts geblasen hätte‘, erklärte sehr anschaulich ein junger, einfacher Liniensoldat, um einen Begriff von dem Eifer und der Begeisterung zu geben, womit seine Kameraden und er sich in das Handgemenge gestürzt hatten. Der Pulvergeruch, der Kanonendonner, die rasselnden Trommeln und die schmetternden Hörner, das belebt, das begeistert! Es schien wirklich so, als ob in dieser Schlacht jedermann sich so schlage, als sei seine eigene Ehre verpfändet, und als müsse er den Sieg zu seiner ganz persönlichen Angelegenheit machen!“*[13]

Das schreibt Dunant in seinem Buch „Eine Erinnerung an Solferino“ – und wie Soldaten den Sieg zu einer „ganz persönlichen Angelegenheit“ machten, so wurde Solferino Dunants Schicksalsort. 1862 veröffentlicht er das Buch und verschickt es eigenhändig an Geschäftsleute, Banker, Generäle, Aristokraten, Könige. An alle, die er kennt, und an alle, von denen er sich etwas erhofft. Dunant beschreibt in dem Buch das Grauen des Krieges, doch tut er es in einer Weise, die keinen der Beteiligten in seiner Ehre verletzt. Selbst die Feinde Frankreichs benehmen sich ritterlich und finden seinen Respekt: „Während der ganzen Schlacht zeigt das Oberhaupt des Hauses Habsburg eine bewundernswürdige Ruhe und Kaltblütigkeit. Als Cavriana eingenommen wird, befindet sich Franz Joseph (...) auf einer benachbarten Höhe, Madonna della Pieve, nahe einer von Zypressen umgebenen Kirche. (...) Der Kaiser muss sich in diesem schicksalsschweren Augenblick dazu entschließen, mit einem Teil seines Generalstabes nach Volta zu reiten. An mehreren Stellen bricht Panik unter den österreichischen Truppen aus, und bei einigen Regimentern wird der Rückzug zur Flucht. Vergebens versuchen Offiziere, die sich mit Löwenmut geschlagen haben, die Soldaten zum Stehen zu bringen. Beschwörungen, Flüche, Säbelhiebe, nichts vermag sie anzuhalten, der Schrecken ist zu groß, und die gleichen Soldaten, die eben noch tapfer gekämpft haben, lassen sich jetzt wohl schlagen und beschimpfen, doch durch nichts in ihrer Flucht aufhalten.

Der Kaiser von Österreich ist verzweifelt. Er hat sich wirklich wie ein Held gehalten – den ganzen Tag sind Geschosse aller Art dicht neben ihm eingeschlagen –, aber jetzt, bei diesem Zusammenbruch, kommen ihm die Tränen. Vom Schmerz hingerissen, wirft er sich den Fliehenden entgegen und hält ihnen Feigheit vor. Als er jedoch nach diesen Ausbrüchen heftigster Erregung wieder zur Ruhe kommt, betrachtet er schweigend den Schauplatz der Verwüstung. Große Tränen rollen über seine Wangen, und auf dringende Beschwörungen seiner Adjutanten entschließt er sich, Volta zu verlassen und nach Valeggio aufzubrechen.

Einzelne österreichische Offiziere lassen sich, völlig niedergeschlagen, wütend und verzweifelt, niedermetzeln, aber nicht ohne ihr Leben teuer zu ver-

kaufen. Andere töten sich selber aus Kummer und Zorn; sie wollen diese schwere Niederlage nicht überleben; die meisten sind, wenn sie bei ihren Regimentern eintreffen, mit eigenem oder feindlichem Blut bedeckt. Zollen wir ihrer Tapferkeit die Anerkennung, die sie verdient."

Dunant schreibt vom Standpunkt eines Menschenfreundes aus. Der Gedanke, der sich durch das Buch zieht, ist schlicht und revolutionär zugleich. Sobald ein Soldat verwundet ist, ist er kein Feind mehr, sondern ein Mensch, der alle Hilfe verdient. Jeder Verwundete muss versorgt werden, egal welche Uniform er trägt, egal auf welcher Seite er gekämpft hat, egal welcher Nationalität er angehört. Diese Idee wurde am 24. Juni 1859 in den Straßen Castigliones unter dem Druck der Ereignisse geboren. Den ganzen Tag über kamen zahllose Verletzte zum Dom von Castiglione. Auf Bahren, auf Karren, auf Eseln und Pferden, auf den Schultern eines Kameraden wurden sie hierhertransportiert. Die Stadt hallte wider von ihrem Wehklagen und ihren Schreien. Spitäler, Kirchen, Schulen waren bis zum Rand gefüllt mit wimmernden, zuckenden Körpern. Viele Verwundete lagen, da es keinen Platz mehr für sie gab, auf den Bürgersteigen. Blut floss in den Rinnstein und mischte sich mit den Tränen der Sterbenden. Die Hitze lag wie eine glühende Kappe über der Stadt. Aus Solferino kommend wälzte sich ein endlos langer, blutender Tausendfüßler auf Castiglione zu. Im Rücken dieser Unglücklichen toste und rauschte die Schlacht. Rauch stieg von dort auf. Die Seelen der toten Soldaten stiegen in den Himmel und legten sich in ihr unsichtbares Grab, während auf der Erde das Schlachten unvermindert weiterging. In Castiglione stellten sich die Bewohner die bange Frage, wie die Schlacht wohl ausgehen und wann es endlich vorbei sein würde mit diesem Gemetzel. Doch der Strom der Verzweiflung, der sich über Castiglione ergoss, wollte nicht abreißen. Die Bewohner hatten damit gerechnet, dass ihre Stadt in die Schlacht mit hineingezogen würde. Sie waren durch ihre Geschichte vorbereitet. Sie hatten im Laufe der Jahrzehnte gelernt, die Zeichen eines kommenden Krieges zu lesen. Napoleon war schon hier gewesen, der Feldherr des Jahrhunderts. Sie kannten den Geruch des Krieges, der sich ausbreitete, bevor überhaupt ein Schuss gefallen war, sie wussten um die besondere Stille kurz vor dem Sturm, sie verstanden, die Gesichter der Soldaten und Offiziere zu lesen. Die Männer und Frauen von Castiglione spürten jedes Beben rechtzeitig.

Noch am 20. Juni hatten die österreichischen Soldaten die Platanen, die auf dem Domplatz standen, gefällt. Die Stämme legten sie quer zur Balustrade, die den Domplatz umgab. Sie schütteten Erde auf und karrten Kanonen heran. Doch dann waren sie über Nacht verschwunden, keiner konnte sich das erklären, denn der Domplatz war von großem strategischen Wert. Aber die Österreicher hatten ihn aufgegeben und die Franzosen rückten in die Stadt ein, vorsichtig zuerst, etwas ungläubig, dann mit immer festerem Schritt. Die Bewohner von Castiglione schöpften Hoffnung, vielleicht würde der Krieg diesmal an ihnen vorbeiziehen und weit genug weg stattfinden, sodass sie verschont blieben. Tatsächlich gab es keine Kämpfe in Castiglione, doch war das, was sie zu sehen bekamen, nicht schlimmer als alles, was ihnen bisher widerfahren war?

Henry Dunant lief umher, gekleidet in einen weißen Anzug sah er aus wie der Verwalter einer fernen Kolonie, der hier fehl am Platze war. Eine auffallende Figur, die bald in der ganzen Stadt bekannt war. Er packte überall mit an und er protokollierte mit entsetztem Blick das Grauen, das sich ihm bot. „Da sind einige, bei denen Mantel, Hemd, Fleisch und Blut eine unbeschreibliche, schauervolle Mischung bilden, in die sich die Würmer eingefressen haben. Viele erzittern bei dem Gedanken, von diesen Würmern zernagt zu werden. Sie glauben, die Maden kämen aus ihrem eigenen Körper, während sie doch von den Myriaden von Fliegen stammen, von denen die Luft wimmelt. Dort liegt ein völlig entstellter Soldat, dessen Zunge übermäßig aus dem zerrissenen und zerschmetterten Kiefer hängt. Er macht alle Anstrengungen, sich zu erheben. Ich benetze seine vertrockneten Lippen und seine verdorrte Zunge. Dann nehme ich eine Handvoll Scharpie, tauche sie in einen Kübel, den man mir nachträgt, und drücke das Wasser aus diesem Schwamm in die unförmige Öffnung, die die Stelle eines Mundes vertritt. Einem anderen Unglücklichen ist durch einen Säbelhieb ein Teil des Gesichts fortgerissen worden. Nase, Lippen und Kinn sind von dem übrigen Teil des Kopfes getrennt.

Unfähig zu sprechen und halbblind, macht er ein Zeichen mit der Hand. Durch diese erschütternde Gebärde, die von unartikulierten Tränen begleitet ist, lenkt er die Aufmerksamkeit auf sich. Ich gebe ihm zu trinken und lasse auf sein blutendes Antlitz einige Tropfen klaren Wassers träufeln. Ein Dritter, dessen Hirnschale weit offen klafft, liegt in den letzten Zügen. Sein Gehirn fließt auf die Steinfliesen der Kirche. Seine Unglücksgefährten versetzen ihm einen Fußtritt, weil er den Durchgang versperrt. Ich schütze ihn in seinem Todeskampf, und bedecke seinen armen Kopf, der sich noch schwach bewegt, mit einem Taschentuch."

Diese Szenen haben sich im Dom von Castiglione abgespielt. Ich will in die Kirche gehen, um mir eine Vorstellung von dem Raum zu machen, in dem sich das Grauen entfaltete. Doch ist das Kirchentor verschlossen. Hier liegt der heilige Luigi begraben, ein Mann, der eine große Rolle bei der spirituellen Erneuerung der Kirche nach der Abspaltung der Protestanten spielte. Luigi wurde als Sohn von Ferrante Gonzaga geboren, dem unumschränkten Herrn von Castiglione. Doch verzichtete er auf seinen Prinzentitel, um sich ganz in den Dienst Gottes zu stellen. Im Alter von dreiundzwanzig Jahren starb er in Rom, während er Pestkranke pflegte. Für die Katholiken ist Luigi ein Beispiel für Barmherzigkeit, Opferbereitschaft und Hingabe. Sein Grab ist eine Pilgerstätte geworden.

Ich trete vom Tor zurück und betrachte die Fassade des Domes. Sie wirkt heruntergekommen. Wind und Wetter haben ihr zugesetzt. Es muss schon lange her sein, dass sie das letzte Mal gestrichen worden ist. Alles an ihr ist stumpf, die Farben, die Fenster, die Tore. Als hätte diese Kirche nie mehr zum Leben zurückgefunden, nachdem in ihrem Inneren und vor ihren Füßen der Tod sich breitgemacht hatte und kein Gott gekommen war, um ihm in den Arm zu fallen oder ihn zumindest gnädiger zu stimmen, denn der Tod, der hier wütete, war ein ausgesuchter Sadist. Er ließ die Menschen fürchterlich leiden, bevor er sie dahinraffte. Auch der heilige Luigi schlief, machtlos, in seinem Grab. Der Domplatz ist von seiner Anlage her wunderschön, ein mit Pflastersteinen beschlagenes Halbrund, begrenzt von einer steinernen Balustrade, mit einem einmaligen Blick auf die Ebene. In einem heißen, wolkenlosen Sommer wie diesem ist er ein guter Treffpunkt für frisch Verliebte. Doch wem auch nur eine Zeile aus Dunants „Erinnerung an Solferino“ in den Sinn kommt, der wird die Schönheit dieses Platzes nicht mehr genießen können. Das viele Blut, das hier geflossen ist, hat ihn verändert. Der Papst hat diese Kirche 1964 zur Basilika erhoben, doch auch dies half nicht bei der Wiederbelebung. Zu viel Tod war hier.

Die Bewohner Castigliones halfen, wie sie konnten, vor allem aber halfen sie jedem, ganz unabhängig davon, auf welcher Seite er kämpfte. „Tutti fratelli!“ – „Alles Brüder!“, riefen die Frauen und liefen herbei mit Kübeln voller Wasser, um den Durst der Soldaten zu stillen, mit Stroh, um die Verwundeten zu betten, mit Verbandszeug, mit Essen, mit Worten des Trostes für die Sterbenden.

„Auf den steinernen Fliesen der Spitäler und Kirche von Castiglione liegen Seite an Seite Kranke aller Nationen: Franzosen und Araber, Deutsche und Slawen“, schreibt Dunant. Doch selbst in diesem Zustand wirkt die Kriegspropaganda mitunter noch fort. „Einige der gefangenen Österreicher zittern vor Schrecken, denn man hatte es für richtig gehalten, ihnen die Franzosen, insbesondere die Zuaven, als erbarmungslose Teufel darzustellen. (...) Verschiedentlich vergalten sie die Gutherzigkeit französischer Soldaten in ihrer Unwissenheit und Verblendung mit unsinnigen Taten. (...) Ein Gardegrenadier will einen völlig verstümmelten österreichischen Soldaten bergen, aber dieser packt eine neben ihm liegende geladene Pistole und feuert sie aus nächster Nähe auf den französischen Soldaten ab, der ihm Hilfe bringen wollte.“ Das Leid ist so überwältigend, dass die Unterschiede nach und nach eingeebnet werden. Castiglione verwandelt sich in ein riesiges Spital, das im Kern nach den Prinzipien arbeitet, die er in folgende Frage verpackt: „Wäre es nicht möglich, in Friedenszeiten eine Hilfsgesellschaft zu gründen, die aus großherzigen Freiwilligen zusammengesetzt ist, um den Verletzten in Kriegszeiten zu helfen?“

Fünf Jahre später, am 22. August 1864, unterzeichnen zwölf Nationen die ersten Paragraphen der Genfer Konvention. Darin sind zum ersten Mal die Rechte von Kriegsgefangenen festgelegt, gleichzeitig werden nationale Hilfskomitees unter dem Signum des Roten Kreuzes gegründet. Es ist der Beginn einer Organisation, die sich bald über den ganzen Globus ausbreiten sollte. Dunants Idee verhinderte zwar keine Kriege, doch machte sie aus der kriegerischen Welt einen etwas weniger grausamen Ort.

Auch mein Urgroßvater schreibt in seinem Tagebuch über das Leid der „Blessierten" und über „ihre Klagen, die nicht zum Ertragen sind". Einige Seiten sind damit gefüllt, doch reicht er niemals an die detailgenaue, wortreiche Beschreibung heran, die Dunant liefert. Das ist von einem Mann auch nicht zu erwarten, der Schuster war und sich erst nach und nach hinüberschrieb in das Leben eines geachteten Gemeindesekretärs. Dunant war gebildet und entstammte einer wohlsituierten Familie. Als er nach Solferino kam, tat er es in der Überzeugung, dass der Kaiser ihn empfangen würde. Er konnte sich begründete Hoffnung machen, Zugang zu einem der mächtigsten Männer jener Zeit finden zu können. Mein Urgroßvater war Soldat, der in den Wirbelwind der Geschichte hineingeraten war, so wie jener französische Liniensoldat, den Dunant zitiert. „Wie vom Wind geblasen" sei dieser nach vorn getrieben worden. Auch mein Urgroßvater stürmt voran, als würde ihn eine unsichtbare Hand anschieben, auf die er keinen Einfluss hat. Doch frage ich mich, was er mit all den Bildern des Grauens gemacht hat, die er gesehen hat. Es ist ein Segen, wenn man diese Erfahrungen so kraftvoll wie Dunant beschreiben kann. Er konnte sie auf Papier bannen und sich damit entlasten. Seine Aufzeichnungen schickte er quer durch Europa und teilte damit die Last, die ihm zugefallen war.

Mein Urgroßvater hatte diese Möglichkeit nur im beschränkten Maße. Er war unbefangen in seinem Schreiben, doch wenn man sein Tagebuch vor der Folie der Erinnerungen Dunants liest, merkt man, dass er für vieles, was er in der Schlacht sah, keine Worte hatte, keine Mittel, um es aus sich heraus zu transportieren, weg von seiner Seele und seinem Herzen, damit sie ihn nicht von innen vergifteten. Seine Sinne sind durchaus geschärft für die Kriege, die vor seiner Zeit sich ereignet haben, und es gibt Stellen, in denen er auf ihre düsteren Zeichen stößt. Als er noch vor Ausbruch des Krieges in Vicenza stationiert wird, geht er – wie es seine Gewohnheit ist – mit offenen Augen spazieren: „Da ist eine große schöne Kirche und ein großes Mirakelbild, denn da sieht man noch vom Jahr 1848 von dieser Schlacht die Kanonenkugeln und die Granatkugeln, welche bei dieser Schlacht sind hineingeschossen worden, von dieser sind viele auf dem Altar, und das Maria Bild ist doch unverletzt geblieben, wann schon in der Kirche die Schlacht mit dem Bajonett ist ausgemacht worden, denn man sieht noch in der Kirche zerschlagene Gewehr und Fahnen, und außer der Kirche in die Mauern sieht man noch die Löcher, wo die Kanonen sind eingemauert gewesen, und draußen sieht man den Denkstein, wo das 10te Feldjägerbataillon ist geopfert worden, und das Ungarische Linieninfanterie Regiment Konstantinopel. Der Oberst und die anderen, die das Leben geopfert haben. Weiters sieht man sehr schöne Villen und Schlösser, denn es ist eine schöne Aussicht.“

Das ist seine Art des Schreibens, beiläufig wechselt er vom Schrecken zum Schönen. Als der Kampf beginnt, ist zu erkennen, dass er nach Worten ringt. Es gelingt ihm, die Schlacht, die er erlebt, eindrucksvoll zu schildern, doch hinter den Worten, die er dafür findet, wartet noch etwas, es will ausbrechen aus einem unsichtbaren Verlies und ans Tageslicht kommen. Dunants Erinnerungen sind ein durchdringender Verzweiflungsschrei, der aus dem tiefen Inneren eines entsetzten Menschen kommt. Doch bei meinem Urgroßvater bricht die innere Mauer nicht, aber es zeigen sich Risse, durch die der Schock sichtbar wird, den er empfunden haben muss. Als er viele verwundete Kameraden sieht, schreibt er: „Und dieses mussten wir alles zusehen und konnten ihnen nicht helfen, mir standen die Tränen in den Augen, und wir müssen von ihnen scheiden." Vielleicht hat mein Urgroßvater später, als er älter war, seinen Kindern von diesem Krieg erzählt. Ich weiß es nicht, doch ist es möglich. Wenn er es getan hat, dann könnten seine Worte weitergewandert sein durch die Zeit, von seinem Mund zum Mund meines Großvaters zum Mund meines Vaters. Doch so ist es nicht gewesen. Kein Mund hat mir etwas von diesem Schrecken erzählt, nur sein Tagebuch.

Vielleicht ist er ja auch verstummt nach dem Schreiben. Fiel er ins Schweigen wie in einen Abgrund? Oder hat er doch geredet? Ich weiß, wie gesagt, dass mein Großvater, nachdem er aus dem Ersten Weltkrieg mit einem Eisernen Kreuz geehrt nach Hause gekommen war, kaum mehr geredet hat, weder mit seiner Frau, noch mit seinen Kindern, noch mit seinen Freunden. Er ging seiner Arbeit nach, er aß, er schlief, er rauchte seine Pfeife und schwieg. Gewiss hat er Schreckliches erlebt, aber vielleicht hat dieser Mann auch das mittragen müssen, was ihm sein Vater, mein Urgroßvater, erzählt hat, und unter dieser Last hat es ihm seine Sprache erdrückt. Er nickte, um „Ja“ zu sagen, und er schüttelte den Kopf, um ein „Nein“ zu bedeuten. Für den Rest behalf er sich mit Gesten und verwendete Worte nur, wenn er sich auf diese Weise nicht verständlich machen konnte. So wanderte das Schweigen über Generationen weiter und in ihm eingeschlossen blieb verwahrt das Blut von Solferino.

Mein Urgroßvater führte das Tagebuch bis in den Februar 1861 weiter, eineinhalb Jahre nach der Schlacht von Solferino. Der Krieg wurde durch den Friedensschluss von Villafranca beendet. Franz Joseph I. und Napoleon III. waren sich schnell einig. Die Habsburger verloren die Lombardei, doch behielten sie Venetien. Napoleon III. konnte seinen in Frankreich wenig geliebten Feldzug mit einem militärischen Sieg beenden und nach Hause zurückkehren. Die Piemontesen freilich schäumten vor Wut, denn sie hätten den Krieg fortsetzen wollen, bis ganz Italien von den Habsburgern befreit war. „Frei bis zur Adria!“ – unter diesem Schlagwort waren sie gemeinsam mit den Franzosen in den Krieg gezogen. Doch die Kaiser einigten sich auf Frieden, weil sie davon beide am meisten hatten. Auch Franz Joseph, denn er hatte zwar eine bittere Niederlage erlitten, doch zumindest Venetien retten können, fürs Erste. „Und da haben wir auch erfahren, dass vollkommener Friede geschlossen worden ist, welches ein jeden sein größter Wunsch ist, aber doch erwarteten wir den Befehl mit Sehnsucht von hier abzumarschieren", schreibt mein Urgroßvater. Dann setzt er in seinem üblichen Ton fort: „Bei diesem Marsche ist eine so große Hitze, dass man es bereits nicht aushalten kann, aber in Bassano, da war eine gesunde Gegend. Es erinnert ein jeden an das Heimatland Tirol, denn es sind hohe Gebirge und darauf schöne Alpen, es geht auch von Tirol ein Fluss herein, und bei diesem Fluss da waten wir. Im Quartier geht immer eine kühle Luft, aber der Wein ist sehr teuer." Er wirkt alles in allem ungebrochen. Keine Gespenster plagen ihn, keine Erinnerung an die Schlacht scheint ihn zu belasten. Während Henry Dunants Leben fortan von dieser Schlacht beeinflusst war, lebte mein Urgroßvater weiter, wie er es schon vorher getan hatte. Er stellte sich nicht zu viele Fragen, er genoss, wann etwas zu genießen war, er wandte alle seine Sinne der Welt zu. Und doch, scheint mir, hat ihn der Schrecken von Solferino irgendwann eingeholt. Die letzten Seiten des Tagebuchs sind mit fahriger, ungewöhnlich schlampiger Schrift beschrieben, als hätte er keine Zeit mehr zum Schreiben gehabt, keine Lust, oder gar einen Wutanfall erlitten. Es ist wahrscheinlich ein Zufall, doch das allerletzte Wort seines Tagebuches lautet: Krieg.

Henry Dunant blieb vier Tage in Castiglione. Er wohnte nur wenige Meter vom Domplatz entfernt im Palazzo Pastorio Bondoni. Das Zimmer, das ihm die Familie Bondoni zur Verfügung stellte, hat Kassettendecken, einen Boden, der mit Steinplatten ausgelegt ist, und tapezierte Wände. Auf dem Foto, das ich davon zu Gesicht bekomme, wirkt das Zimmer geräumig und gleichzeitig düster und schwer. Ein schmales Bett steht an der Stirnwand des Zimmers, zwischen zwei hohen Türen, von denen ich nicht weiß, wohin sie führen. Doch glaube ich, dass monströse Gespenster dort hocken und nur darauf warten, bis der Gast eingeschlafen ist, um dann in sein Zimmer zu schlüpfen und ihn zu quälen. Doch das ist eine Phantasie, die ich der Lektüre der „Erinnerung an Solferino" schulde. Ganz Castiglione nehme ich durch die Brille der erschütternden Schilderungen Dunants wahr. Wenn ich vor dem Palazzo Bondoni stehe, frage ich mich, ob Dunant die Fenster nachts offen gehalten hat und ob die Schreie der Verwundeten bis in sein Zimmer gedrungen sind und ihn wach gehalten haben; wenn ich die abschüssige Straße weitergehe, in Richtung des auf einem Hügel liegenden alten Kastells, sehe ich Hunderte Soldaten auf den Bürgersteigen liegen; gehe ich um eine Ecke, falle ich fast über einen Verletzten, der mir Hilfe suchend die Hand entgegenstreckt. Ich muss mich anstrengen, die Stadt auch noch anders wahrzunehmen.

Castiglione ist eine typische lombardische Kleinstadt, geschäftig, selbstbewusst, immerzu darauf bedacht, ihren Wohlstand zu mehren. Dass in dieser Stadt der Ursprung für die Gründung des Roten Kreuzes liegt, scheint nur mehr eine blasse Erinnerung zu sein. Inmitten lombardischer Bienenemsigkeit geht das unter. „Über die Schlacht von Solferino und San Martino zu reden, scheint müßig zu sein, da sie ja alle wegen ihrer Bedeutung für die Befreiung Italiens kennen. Doch gibt es ein paar Dinge, die weniger bekannt sind. So wissen zum Beispiel viele nicht, dass diese Schlacht eigentlich in Castiglione stattfinden hätte müssen, und dass sie schließlich aus purem Zufall in nächster Nähe sich abspielte." Das sind die einleitenden Sätze aus einer Broschüre mit dem Titel: „Castiglione im Jahr 1859". Es klingt, als bedauere der Autor, ein gewisser Arch. Prof. Ing. A. Agostini, dass die Schlacht nicht doch in den Straßen von Castiglione stattgefunden hat und Solferino als Gründungsort des Roten Kreuzes in die Geschichte eingegangen ist. Tatsächlich befindet sich in Solferino das Denkmal des Roten Kreuzes. Es liegt auf einer Anhöhe, etwas unterhalb des Turmes von Solferino. Wenn Gedenktage zu begehen sind, finden die Feiern hier statt, unter den Zypressen, die dem Denkmal eine angemessene Erhabenheit verleihen. Es ist nicht so, dass sich Castiglione nicht um seine Geschichte kümmerte. In der Stadt sind viele Marmortäfelchen angebracht, die darüber Aufschluss geben, dass hier eine historische Persönlichkeit gewohnt oder sich eine wichtige Sache zugetragen hat. Doch das Leben braust an diesen Tafeln vorbei, in Form von dicken Autos oder elegant gekleideten Menschen auf dem Weg zu einer Einkaufstour. Es ist den Menschen nicht vorzuwerfen, dass sie nicht anhalten, um die Tafeln zu lesen, und kaum einen Gedanken an die Toten von damals verschwenden, an die Helfer aus der eigenen Stadt, an den zufällig hierhergeratenen Schweizer Henry Dunant. Eigentlich ist diese „Gleichgültigkeit“ ein gutes Zeichen, denn das Rote Kreuz ist ein ganz selbstverständlicher Teil unser aller Leben geworden. Es muss nicht jeden Moment daran erinnert werden. Das ist freilich nur ein schwaches Hilfsargument, mit dem ich den Wärter des Museums des Internationalen Roten Kreuzes zu trösten versuche. Denn er ist recht bedrückt darüber, dass immer weniger Besucher kommen. Ungefähr viertausend Menschen, sagt er, sind es im Jahr, früher waren es doppelt so viele. Die meisten seien Schulklassen, doch seit die Regierung die Schulpläne geändert habe, kommen immer weniger Schüler. Dann fügt er noch ein paar Sätze des Bedauerns darüber an, dass dieses Museum vernachlässigt werde. Zu wenige Leute, zu wenig Geld, zu altes Konzept. Schließlich lächelt er mich an, als wäre ich der allererste Besucher eines gerade eben eröffneten Museums. Der Palazzo Longhi, der das Museum beherbergt, jedenfalls ist wundervoll, dem widerspricht er nicht, doch müsse man mehr tun. Viel mehr!

Ich denke zuerst, der Mann sei ein professioneller Jammerer, doch werde ich nach dem Besuch des Museums anders darüber urteilen, nämlich, dass er zu Recht frustriert ist. Das Museum des Roten Kreuzes von Castiglione ist eines der einsamsten Museen, die mir je zu Gesicht gekommen sind. Der Aufbau ist chronologisch. Es beginnt im ersten Raum mit der Schlacht von Solferino, führt dann über die Unterzeichnung der Genfer Konvention zum Entstehen des weltweit agierenden Roten Kreuzes, es werden seine Aktivitäten gezeigt, vom Einsatz gegen den Gebrauch von Minen bis zur Katastrophenhilfe in Afrika. Schließlich, im geräumigen Erdgeschoss des Palazzos, sind Kutschen, Wägen, Karren und Bahren zu besichtigen, mit denen Verwundete im Laufe der letzten hundertfünfzig Jahre abtransportiert worden sind. Sie sind sehr gepflegt, und zöge man einen dieser Karren auf die Straße, wäre sicher nicht einmal das leiseste Knarren zu hören, so gut geschmiert sind sie. Chirurgische Instrumente, die den Ärzten während der Schlacht von Solferino zur Verfügung standen, sind zu sehen, Sägen zum Amputieren von Gliedmaßen, Messer zum Aufschneiden des Fleisches, Eisen zum Aufstemmen von Knochen, da sind Sammelbüchsen des Roten Kreuzes aus verschiedenen Epochen, Muster für Antipersonenminen, eine Beinprothese, winzige Modelle von Rot-Kreuz-Gefährten, vom gepanzerten Lazarettwagen auf Kettenrädern bis zum schnellen Rettungsauto, und da sind überdimensionierte Fotos aus vielen Kriegen, Erster Weltkrieg, Zweiter Weltkrieg, Vietnam, Afghanistan, Irak, und mittendrin die Helfer des Roten Kreuzes. Obwohl das Museum klar strukturiert ist, wirkt all das chaotisch, als hätte eine Laienschar zusammengetragen, was zu finden war, und es in einem Haus aufgestellt, das ihr zur Verfügung gestellt wurde. Das ist in Wahrheit kein Nachteil. Auch wenn der Wärter mit seiner Klage Recht hat, so ist dieses Museum in seinem Dilettantismus ein treues Abbild des Geistes, der Castiglione vor hundertfünfzig Jahren zu einer Stadt der Menschenfreunde machte. Das Museum wirkt genauso spontan, generös und auf entwaffnende Weise naiv. An der Wand eines Raumes hängt ein großes, gerahmtes Bild. Hinter Glas sind, in Reih und Glied aufgereiht, Metallstücke zu sehen. Kugeln, Granatsplitter, Schrapnelle aus dem Ersten Weltkrieg – jedes Stück Metall ist mit einem Zettel versehen, der festhält, welcher Arzt welchem Soldaten an welchem Tag aus welchem Teil seines Körpers dieses Projektil entnommen hat: „Giansanti Luigi, Schrapnellkügelchen, dem linken Oberschenkel entnommen, Arzt: Crosini, 9. 9. 1916." Ich stelle mir vor, wie die Ärzte in einem Operationssaal voll schreiender, wimmernder und klagender Opfer konzentriert ihre Arbeit verrichten. Ihre Schürzen sind blutverschmiert und auf der Stirn perlt der Schweiß. Sie schneiden, sägen, stochern, stemmen, ziehen, schließlich fällt ein Metallstück mit einem hell klingenden Ton in einen eisernen Behälter. Ein Gehilfe holt es sofort heraus, trägt es zu einem Schreiber und der hält fest: „Le Monaco Giuseppe. Granatsplitter, dem rechten Bein entnommen, Arzt: Piazza. 12. 10. 1915." Ich kann mich von dem Bild kaum lösen und denke, dass man doch auch den Namen des Mannes haben müsste, der das Projektil abgeschossen hat, und dies gewiss im Ergebnis dazu führte, dass es keine Kriege mehr geben würde auf der Welt. Wenn auch der Schütze und nicht nur das Opfer einen Namen hätte, wenn der eine genau wüsste, wen er verletzt, verstümmelt, getötet hat, dann könnte er nicht mehr auf ihn schießen, denn dann fühlte er sich wie ein

Mörder und nicht wie ein Soldat. Ich gebe zu, es ist ein krauser Gedanke. Trotzdem bin ich froh darum, weil er mir für einen Moment lang das Gefühl gibt, es gäbe doch einen Ausweg aus der ewigen Menschenschlachterei, ein Ende, ein für alle Mal.

Es ist kein Zufall, dass mir solche Gedanken in diesem Museum kommen, denn Henry Dunant war nach konventioneller Betrachtungsweise gewiss ein krauser, geradezu verrückter Charakter. Im ersten Raum des Museums ist sein lebensgroßes Abbild auf Sperrholz zu sehen. Er ist akkurat gekleidet, weißes Hemd mit Binder, eine Anzugjacke, eine Weste, an der die Kette einer Taschenuhr hängt. Der buschige Backenbart dominiert das Gesicht, eine Hand hält er in der Hosentasche, die andere ist halb geöffnet auf Höhe der Hüfte. Man kann sich vorstellen, dass Männer wie diese von Kaiser Napoleon III. empfangen worden sind, dass sie Investoren fanden, die ihnen ihr Geld anvertrauten. In einem anderen Raum hängt ein zweites Bild von Dunant. Es zeigt ihn als alten Mann. Ein gewaltiger weißer Bart fällt tief auf seine Brust, auf dem Kopf sitzt eine Mütze, die an einen Fez erinnert. Dieses Bild hat nichts mit dem ersten Bild zu tun. Es ist, als würde man zwei verschiedene Menschen betrachten. Der alte Dunant sieht aus wie ein Eremit, der einen tiefen Blick in die Abgründe des Menschen getan hat, ein einsamer Wirrkopf.

Man wird nicht in der Annahme fehlgehen, dass die Verwandlung des Henry Dunant hier stattgefunden hat, in den Straßen von Castiglione. Auch wenn er nach Castiglione ein neues Leben begann

Henry Dunant: Man muss ein Kind sein, um zu schaffen, was Dunant geschaffen hat.

und sich ganz und gar seiner Idee vom Aufbau einer „Hilfsgesellschaft“ widmete, das alte Leben ließ ihn nicht in Ruhe. Die Gläubiger, die sich von ihm geprellt fühlten, jagten ihn. Er flüchtete wie ein Hase Haken schlagend quer durch Europa, verbarg sich mal hier und mal dort, verarmt, schuldbeladen, verzweifelt entwarf er weiter beharrlich Visionen von einer friedlichen Welt, schrieb Briefe, Pamphlete und arbeitete an einer Neuausgabe seiner „Erinnerung an Solferino“. Er galt als Betrüger und wurde zur persona non grata. Das Rote Kreuz schloss ihn aus. Obdachlos und hungernd flüchtete er. 1887 kehrte er in die Schweiz zurück. Er lebte jahrelang in einer Pension und dann in einem kleinen Zimmer eines Krankenhauses, das ihn aufgenommen hatte. Man glaubte, er sei tot. Erst

1897 entdeckte ihn ein Journalist. Er schilderte die bittere Armut, in der Dunant lebte, und löste damit eine Welle der Solidarisierung aus. 1901 erhielt Dunant den ersten Nobelpreis in der Geschichte. Das Geld spendete er. Schließlich starb er 1910 in seinem kargen Schweizer Refugium.

Im Foyer des Museums von Castiglione steht eine Büste Dunants. Der Bildhauer hat ihn, nach den Fotos, die ich im Museum gesehen habe, ziemlich realitätsnah abgebildet. Nur die Augen hat er auffallend anders gestaltet. Sie sind größer, groß wie Kinderaugen, und liegen etwas verloren im Gesicht. Der Bildhauer ließ sich von einem nahe liegenden Gedanken leiten: Man muss ein Kind sein, um zu schaffen, was Dunant geschaffen hat.

Zuerst stieß ein Bauer unterhalb des Zypressenhügels auf ein Gerippe, dann fand ein anderer ein ganzes Skelett in der frisch aufgeworfenen Erdkrume, danach förderte ein Pflug in einem Acker nicht weit vom Dorfkern entfernt ein halbes Dutzend Schädel zutage. In Solferino häuften sich die Nachrichten über Knochenfunde. Bauern aus der ganzen Umgebung klagten, sie müssten ihre Arbeit immer wieder unterbrechen, weil plötzlich die Überreste eines Menschen auftauchten. Was sollten sie damit tun? Einfach weiterpflügen? Sie begraben? Aber wo? Wie sollten sie, fragten sich die Bauern, Weizen und Mais säen, wenn sie doch wüssten, dass in dieser Erde zahllose Skelette liegen? Sollte man ihren Früchten etwa nachsagen, sie seien mit dem Blut der Soldaten gedüngt?

Der Bürgermeister von Solferino hörte die Klagen, nahm sich der Sache an und schrieb einen Brief an Senator Luigi Torrelli, er solle doch bitte helfen, dieses Problem zu lösen. Die Bauern drängten. Die Ungeduld war verständlich, denn sie hatten durch den Krieg schon erheblich gelitten. Die Felder waren verwüstet, die Obsthaine geplündert, die Tiere gestohlen, Häuser und Höfe zerstört. Schon das Jahr vor Ausbruch des Krieges war schwer gewesen, die Ernte war karg ausgefallen, eine Krankheit hatte die Weinreben befallen, das Wetter war ungünstig gewesen, die Preise stiegen wegen der Kriegsgefahr an. Dann fielen Hunderttausende Soldaten wie ein Heuschreckenschwarm über das

Land her. „Wir haben bei den Bauern viele Ochsen von dem Stall weggenommen, damit wir Lebensmittel bei uns haben, denn für eine so große Menge Militär, kann man nirgends, ja in keinem Dorf, die Lebensmittel aufbringen“, schreibt mein Urgroßvater in seinem Tagebuch. Nicht nur die österreichische, auch die piemontesische und französische Armee wollten versorgt sein. Sie nahmen, was sie brauchten, und stellten dafür Gutscheine aus, die kaum das Papier wert waren, auf dem sie standen. Schließlich brach der Sturm des Krieges los und fegte wie ein Orkan über die Felder, Wiesen und Haine. Sofern die Menschen sich rechtzeitig in Schutz begaben, blieben sie verschont, ihr Hab und Gut aber ging unter. Nicht nur die Bauern litten, sondern auch Händler, Kaufleute, Unternehmer wurden in Mitleidenschaft gezogen. Besonders hart traf es den Transport, die Lebensader der Wirtschaft. Die Armeen beider Seiten requirierten nämlich Wägen, Kutschen, Karren, Pferde – alles, was irgendwie geeignet war, um Verwundete zu transportieren. Viele bekamen ihren Besitz nicht mehr zurück, weil er gestohlen oder zerstört worden war, verschlungen vom Chaos des Krieges. Die Menschen besaßen in der großen Mehrheit wenig. Für manche bildete ein Wagen und ein Pferd die Existenzgrundlage, für andere ein Handkarren oder eine Kutsche. Die Bewohner von Solferino kannten die Geschichte eines gewissen Biaggio, der sich trotz seiner sechsundsiebzig Jahre auf der Suche nach seinem Pferd und Karren unter die sich zurückziehenden österreichischen Truppen mischte und damit riskierte, als Spion und Kollaborateur verurteilt und erschossen zu werden. Er sah aber keine andere Möglichkeit, als dieses Risiko auf sich zu nehmen. Biaggio wollte sich holen, was ihm gehörte, doch gab es viele, die, durch die chaotischen Verhältnisse ermuntert, sich mit kriminellen Aktivitäten bereicherten. Die Behörden erhielten zahlreiche Informationen über illegale Geschäfte mit geplünderten Waren. In einem Bericht an die Polizeipräfektur steht über den Landbesitzer Luigi Confalonieri aus Guidizzolo zu lesen: „Er ist ein häufiger Besucher des Gasthauses, wo er auch gerne die Nacht verbringt und viel mehr Geld ausgibt, als er durch die Verpachtung seiner Ländereien einnehmen kann. Es ist anzunehmen, dass er auf diese Weise nur leben kann, wenn er die Möglichkeit gefunden hat, andere Ressourcen anzuzapfen."[14] Confalonieri hatte tatsächlich andere Einnahmequellen erschlossen. Er schmuggelte mit Waffen, die auf dem Schlachtfeld zurückgeblieben waren, er verkaufte Uniformen, Tornister, Helme, Trompeten, Fahnen, Lanzen, Säbel, Messer. Zu seinen besonderen Stücken gehörten wohl auch einige Zentimeter hohe Marionetten, welche die Soldaten selbst geschnitzt und in dem Original nachgeschneiderte Uniformen gekleidet hatten. Sie eigneten sich für Marionettentheater und als Spielzeug für Kinder. Es waren schöne Souvenirs für Touristen. „Sehen Sie doch, diese Marionnette hier, die hat ein Algerier hergestellt, ein Araber!" – mit solchen Sätzen ließ sich bei Trophäenjägern Eindruck machen.

Confalonieris Geschäfte waren ein besonderes Problem, denn er war Abgeordneter der Gemeinde Guidizzolo, die nicht weit von Solferino entfernt liegt. Wenn ein Mann wie er sich in aller Öffentlichkeit illegal bereicherte, wie sollte dann die Bevölkerung an die Autoritäten des neuen Staates glauben? Denn darum ging es jetzt vor allem: Nachdem die Österreicher vertrieben worden waren, mussten die neuen Herren beweisen, dass es sich für die Bewohner lohnte, Italiener zu sein. Bis auf wenige Ausnahmen hatten die Einwohner dieser Region den Krieg mit Begeisterung unterstützt. Sie hatten sich vom Joch der Österreicher befreien wollen und dafür einen hohen Preis bezahlt. Nun aber wollten sie auch sehen, dass Freiheit nicht nur ein abstraktes Wort war, sondern sich in ihrem Alltag vorteilhaft auswirkte. Sie sehnten sich nach Recht, Ordnung, Sicherheit und der Möglichkeit, ein Auskommen zu finden und sich ein bisschen Wohlstand zu erwerben. Senator Luigi Torelli verstand sofort, dass es darum ging, diese Menschen für das neue Italien zu gewinnen. Er hatte sein ganzes Leben dem Befreiungskampf gewidmet, zuerst kämpfte er gegen die Österreicher und dann setzte er sich für die innere Einigung Italiens ein, was sich mitunter als schwieriger erwies, als die Österreicher loszuwerden. Torelli war Präfekt in Bergamo, Palermo, Pisa und Venedig gewesen und versuchte in diesen Positionen, den neuen Staat würdig zu vertreten und seinen Bürgern eine gute und gerechte Verwaltung der Res publica anheimzugeben. „Jetzt haben wir Italien geschaffen, nun müssen wir den Italiener erfinden" – Torrelli hätte diesem Bonmot von Camillo Cavour mit Sicherheit zugestimmt. Er kannte aus eigener Anschauung die gewaltigen Unterschiede zwischen Palermo und Turin, zwischen Pisa und Bergamo. Kultur, Gesellschaft, Politik, ja selbst die Sprache hatten mitunter wenige Gemeinsamkeiten. Nun sollte alles unter der übergreifenden Idee der Nation zusammenfinden. Italien musste regelrecht zusammengenäht werden. Als der Brief des Bürgermeisters von Solferino Torrelli erreichte, kam ihm die Idee, dass man doch hier, an diesem symbolischen Ort für die Einigung Italiens, eine neue, besonders feste Naht ansetzen könnte. Torrelli regte an, die Überreste der Gefallenen zu exhumieren und für sie zwei Ossarien zu errichten, eines in Solferino und eines in San Martino.

Ich scheue mich lange, das Ossarium von Solferino zu besuchen, denn der Gedanke, Tausende Schädel zu Gesicht zu bekommen, flößt mir Unbehagen ein. So entschließe ich mich, diesen Besuch auf den letzten Tag meiner Reise nach Solferino zu legen. Erst nachdem ich alle Schauplätze zu Fuß abgeschritten habe, den Friedhof, das Schloss, den Turm, den Zypressenhügel, den Dorfkern, erst nachdem ich in San Martino auf dem Turm gewesen bin, in den Straßen Castigliones, im Museum und am Denkmal des Roten Kreuzes in Solferino, erst nachdem ich versucht habe, die Schritte meines Urgroßvaters möglichst genau nachzuvollziehen – erst danach bin ich für das Ossarium von Solferino bereit. Jedenfalls rede ich mir das ein. Dabei liegt es

Das Ossarium von San Martino sollte ein Ort der spirituellen Selbstversicherung der Nation werden.

nur wenige Meter vom Hotel „Vittoria“ entfernt, in dem ich übernachte. Mein Fenster geht zur Straße hinaus und ich kann ein Stück des mit Zypressen bestandenen Kiesweges sehen, der hügelan zum Ossarium führt. Ich schlafe nicht einmal hundert Meter von Tausenden Totenköpfen und unzähligen Knochen entfernt. Aufgrund der Hitze lasse ich das Fenster nachts geöffnet. Da ich keine Ruhe finde, lausche ich den Geräuschen. Ein Auto fährt vorbei, ein später Gast kommt, eine Baumkrone raschelt, die Skelette dort oben im Ossarium aber geben keinen Ton von sich, oder ich höre sie nur nicht, weil nachts das Tor verschlossen ist und sie ganz unter sich bleiben. Seit hundertfünfzig Jahren erzählen sie sich ihre Geschichten und verstehen sich mitunter gar nicht, denn sie sprechen alle Sprachen: deutsch, italienisch, französisch, ungarisch, kroatisch, arabisch. Das Ossarium ist ein Turm von Babel, den der Tod errichtet hat.

Es ist frühmorgens, als ich aufbreche, und es ist gewiss seltsam, von „aufbrechen“ zu sprechen, wenn ich nicht einmal zweihundert Meter zurücklegen muss, um das Ossarium zu erreichen. Doch ist es mir, als unternähme ich eine Reise, eine Überfahrt in den Hades. Noch bevor ich die ersten Schritte den Hügel hochgehe, treffe ich zufällig auf die Wärterin des Museums von Solferino. Gerne bleibe ich stehen, um mit ihr ein paar Worte zu wechseln, denn immer noch zögere ich, und ich denke, dass sie doch mein Charon sein könnte, meine Fährfrau, die mich ans andere Ufer setzt. Sie heißt Annamaria und ist im Dorf eine Legende, weil sie reden kann wie ein Wasserfall und ein Herz hat, das so groß ist, dass darin alle toten Soldaten von Solferino Platz finden können, und dann ist immer noch Raum für sämtliche Besucher, die in das Museum kommen, gekommen sind und kommen werden. Ganz gleich, welcher Herkunft sie sind, ganz gleich, ob klein oder groß, ob weiß, schwarz oder gelb, Annamaria öffnet allen die weiten Tore ihres Herzens. Das ist eine Frage des Temperaments, aber es ist auch ein Ergebnis ihres Nachdenkens über die Schlacht von Solferino. Sie versteht den tausendfachen Tod der Soldaten als Auftrag, ganz persönlich für Versöhnung zu sorgen, mit allen, auch mit jenen, die schon längst versöhnt sind oder nie versöhnt werden mussten. Wenn dieser Auftrag ihrem Drang zur Mitteilsamkeit entgegenkommt, umso besser. Man behauptet, sie habe sogar Japanisch gelernt, nur damit sie ihren Redefluss nicht bremsen muss, wenn sich ein paar japanische Touristen hierher verirren, und wenn einmal Chinesen kämen, dann hätte sie auch ein paar Worte in Mandarin parat. Denn das wahre, unerträgliche Grauen ist für sie das Schweigen zwischen den Menschen. Damit, glaubt sie, begann der Krieg.

Senator Luigi Torelli hätte Annamaria gewiss als Beispiel für die am Ende doch einigermaßen gelungene innere Einheit Italiens angeführt. Sie stammt aus Kalabrien, hat hier ihren Mann gefunden, Anselmo, der Wächter des Turmes von Solferino ist, und sie ist zur Hüterin eines der für die Einigung Italiens wichtigsten Orte geworden, dem Museum von Solferino. Nord und Süd vereint in einer Ehe, vier Kinder als Frucht dieser Vereinigung – mehr Italien geht nicht. Freilich, die Liebe spielte auch eine Rolle, allerdings erst später, denn anfangs, sagt Annamaria, anfangs habe ihr Anselmo nicht so recht gefallen. Doch das änderte sich bald, nach der Hochzeit kam auch die Liebe, langsam, aber sie kam. Nachdem sie mir von dieser Liebe erzählt hat, will ich aufbrechen, weil ich der Überzeugung bin, dass es etwas Gutes hat, wenn ein Gespräch mit einer Liebesgeschichte beendet wird. Das stärkt den Glauben an das Leben. Annamaria bietet mir noch an, mich zu begleiten, aber ich lehne ab, denn ich fürchte, sie habe in ihrem brennenden Eifer auch gelernt, die Sprache der Skelette zu verstehen. Ich gehe los, und da sie merkt, dass mir ein wenig mulmig ist, sagt sie: „Es sind nicht die Toten, vor denen man sich fürchten muss! Keine Sorge!" Dann lacht sie, sodass man die ganze Weite ihres Herzens sehen kann.

Ob sich die Bauern von Solferino vor den toten Soldaten gefürchtet haben?

1869 nämlich wurden sie damit beauftragt, die Leichen zu exhumieren. Vorher war es nicht möglich gewesen, da das italienische Gesetz die Exhumierung von Menschen erst zehn Jahre nach ihrer Bestattung erlaubte. In den Gemeinden von Solferino, San Martino, Pozzolengo, Cavriana, Guidizzolo und Medole wurden Komitees gebildet. Sie übernahmen die Aufgabe, die Exhumierung zu überwachen. Die eigentliche Arbeit verrichteten die Bauern, denn sie wussten am ehesten, wo die Skelette zu finden waren. Sie hatten die Toten nach der Schlacht begraben, meist in Massengräbern, die man mit Kalk füllte und dann zuschüttete. Niemand führte ein Protokoll über die Lage der Gräber. Es musste alles schnell gehen. Die Hitze war groß, Krankheiten konnten sich ausbreiten. Keiner dachte daran, dass man diese Toten irgendwann einmal wiederfinden müsste. Man vertraute sie einer Landschaft an, die sich sehr gut eignete, sie aufzunehmen, zerfurcht wie sie war, durchzogen von Gräben, besprenkelt mit Mulden und Senken. Die Bauern rechneten nicht damit, dass sie die Verscharrten wiedersehen würden. Man wollte zur Tagesordnung übergehen, arbeiten, wiederaufbauen. Warum sollte man sich mit den Toten aufhalten? Gott sei ihnen gnädig, aber Ruhe sollen sie geben. Doch sie gaben keine Ruhe, sie tauchten wieder auf wie lästige Zeugen eines grausamen Ereignisses. Manche waren sogar gewandert, weggeschwemmt von plötzlichen Regengüssen, umgebettet vom Schlamm. Die Schlacht war ein Blutfleck, der sich nicht beseitigen ließ, und wer das Bild vor Augen hat, das sich nach dem Ende der Kämpfe dem Betrachter bot, wundert sich darüber nicht. Henry Dunant besuchte am 25. Juni Solferino, einen Tag nach der Schlacht. „Die Sonne des 25. Juni beleuchtet eines der schrecklichsten Schauspiele, das sich erdenken lässt. Das Schlachtfeld ist allerorten bedeckt mit Leichen von Menschen und Opfern. In den Straßen, Gräben, Bächen, Gebüschen und Wiesen, überall liegen Tote, und die Umgebung von Solferino ist im wahren Sinne des Wortes mit Leichen übersät.“

Angesichts dieses Bildes mochte sich mancher gefragt haben, ob es dies wert gewesen war. Eine freie Nation, einen neuen Staat um diesen Preis? Und um der Frage zu entgehen, buddelte man in aller Eile Gräber aus. Das ist eine Unterstellung, doch ist sie nahe liegend. Die Bevölkerung war schlicht überfordert mit der Zahl der Toten. Sie musste ihr Land wieder frei bekommen, sie musste es regelrecht von menschlichen Überresten säubern, bevor sie wieder an die Arbeit gehen konnte. Wie anders hätte sie es tun sollen? Das Ausmaß des Gemetzels allein drängte sie zur Tat. Nicht zu reden von den Auswirkungen, die dieser Anblick auf die Seele der Menschen hatte. Denn wer konnte es schon ertragen, ein Leichenfeld zu betrachten, ohne dauerhaft Schaden zu nehmen?

Unter den Bauern waren gewiss auch welche, die während der Schlacht das eine oder andere von den Toten gestohlen hatten. Vor allem Stiefel waren sehr begehrt. Es ist leicht vorstellbar, dass diese Diebe fürchteten, die Bestohlenen würden nun Rache an ihnen nehmen. Doch nichts dergleichen geschah, kein Skelett klapperte, keine Knochen begannen zu zittern, keine Stimmen erklangen aus der Unterwelt; alles verlief ordnungsgemäß, mit geradezu militärischer Präzision förderten die Bauern zwischen dem 20. Oktober 1869 und dem 20. Februar 1870 insgesamt neuntausendvierhundertzweiundneunzig Skelette zutage. Hundertzweiunddreißig Mannschaften zu je sechs Leuten arbeiteten daran. Als die Exhumierung beendet war, gründete Senator Torrelli zusammen mit anderen Notablen die „Gesellschaft von Solferino und San Martino", um Geld für die Errichtung der Ossarien zu sammeln. Aus ganz Italien flossen Gelder, Napoleon III. schickte eine ansehnliche Summe und selbst der ehemalige Feind, Kaiser Franz Joseph, spendete für das Ossarium. Torelli wählte die ehemalige Kirche von Sankt Peter als Standort. Hier hatten die Österreicher während der Schlacht eine Batterie Kanonen aufgestellt, die aus allen Rohren auf den anstürmenden Gegner feuerten. Nach der Schlacht war die Kirche nahezu vollkommen zerstört, seither dämmerte sie unbeachtet vor sich hin. Nun wurde sie restauriert und um zwei Seitenräume und eine offene Gruft erweitert, um Platz zu schaffen für die Skelette. An der Fassade ließ die Gesellschaft ein Abbild von Sankt Peter und ein Bild des Erlösers anbringen. Wer das Tor zu den Tausenden Skeletten durchschritt, kam nicht in die Hölle, sondern in das Paradies. Diese Vorstellung entsprach dem Denken der Zeit. Die Soldaten, die nun hier im Ossarium die letzte Ruhe fanden, waren für das Heiligste gestorben, was die politischen Führer damals den Menschen zu bieten hatten: die Nation. Das kam dem Paradies schon recht nahe.

Im Museum von Solferino hängt ein Gemälde des Malers M. Gaburo. Es zeigt die feierliche Bestattung der neuntausendvierhundertzweiundneunzig Skelette, die am 24. Juni 1870 stattfand. Auf Gaburos Bild scheint die Kirche tatsächlich im Himmel zu schweben, so weit und so hoch hat der Maler sie auf den Hügel gesetzt. Der Eindruck wird auch dadurch verstärkt, dass der Hügel völlig baumlos ist, kahl wie eine Rampe. Eine Menschenmenge drängt sich zu beiden Seiten. Auf der Auffahrt ziehen jeweils sechs schwarze Pferde drei riesige Sarkophage mit pyramidaler Form. Sie enthalten die Überreste der Toten. Hinter dem letzten Sarkophag ist eine Gruppe Reiter zu sehen, wahrscheinlich Offiziere. Es ist förmlich zu spüren, wie die Pferde den steilen Hügel schnaubend erklimmen, und an einer Stelle sieht es so aus, als bliebe einer dieser gewaltigen Särge stecken. Freiwillige eilen herbei, um ihn anzuschieben. Gaburos Bild soll Erhabenheit vermitteln, doch wirkt es auf den heutigen Betrachter düster, makaber, geradezu nekrophil.

Während ich den Hügel emporgehe, habe ich dieses Gemälde vor Augen. Ich schaue nach oben, um zu sehen, ob die Kirche tatsächlich himmelwärts liegt, doch ist das auf den ersten Blick nicht recht zu erkennen. Gaburo hatte eine andere, für die Inszenierung der Kirche vorteilhafte Perspektive gewählt. Außerdem ist der Weg jetzt zu beiden Seiten von Zypressen bestanden, der gesamte Hügel ist ein schöner, mit Bäumen bestandener Park, sodass die Kirche darin regelrecht untergeht. Sie ist heute Teil des Parks und nicht des Himmels. Pflanzen kümmern sich eben nicht um die Bedürfnisse des Nationalismus oder anderer politischen Ideen. Sie sind im Laufe der Jahrzehnte einfach gewachsen und haben das Ossarium auf die Erde zurückgeholt. Das ist eine beruhigende Tatsache. Die Schwere und Düsternis, die ich bei dem Gedanken an den Besuch des Ossariums empfand, nimmt ab, je näher ich ihm komme. Kann aber sein, dass dies nur eine Form von Selbstschutz ist, denn kurz bevor ich in die Kirche eintrete, kommt mir noch der Gedanke, dass es doch Dinge gibt, die man im Leben nicht unbedingt sehen muss. Muss man wirklich Schädel und Knochen von neuntausendvierhundertzweiundneunzig Menschen, in einem Ort ausgestellt, betrachten? Wozu? Was wird damit bezweckt?

Die Gründer des Ossariums wollten, dass diese Einrichtung die nationale Identität der Italiener stärkte. Das entsprach durchaus dem Geist der Zeit. Gefallene hatten etwas Erbauliches. Die Ossarien sollten ein Ort der spirituellen Selbstversicherung der Nation werden. Bei der Eröffnung des Ossariums von San Martino hielt der Priester der benachbarten Gemeinde Rivoltella eine Predigt mit folgenden programmatischen Sätzen: „Die Italiener sollen zu diesem Monument pilgern (...), um zu lernen, wie man die Heimat lieben muss: Diese trockenen und stummen Knochen sprechen für den, der sie verstehen will, eine klare Sprache: Liebt!, schreien sie. Liebt die Heimat, liebt sie und erhebt nie eine Fahne gegen unsere Nationalflagge, die wir mit unserem Blut getränkt haben!"[15]

Diese kruden Worte eines Priesters im Kopf trete ich in die Kirche ein. Es herrscht ein dämmriges Licht. Ich erkenne kaum etwas, gehe tiefer hinein, auf ein großes, schlichtes Holzkreuz zu. Aus dem Halbdunkel der Apsis tauchen nun die Totenköpfe auf, zu Hunderten blicken sie mir entgegen, mit ihren leeren Augenhöhlen und entblößten Zähnen. Die Kirche ist damit bis zur Kuppel gefüllt. Ich gehe noch tiefer hinein und bleibe an einer Balustrade stehen, die den Blick auf eine offene Gruft freigibt. In den Nischen, hinter Gittern eingesperrt, sind Menschenknochen gestapelt. Sie sind fein säuberlich getrennt, hier eine Nische voller Oberschenkelknochen, dort eine voller Hüften, dann eine Nische voller Armknochen.

Die Bergung der Skelette fand unter Aufsicht des Arztes Giuseppe Marchi aus Solferino statt. Er ließ die Knochen säubern und trocknen, bevor er sie systematisch ordnete und für den Abtransport in den Sarkophagen vorbereitete. An seiner Seite befand sich ein ehrgeiziger Anthropologe aus Cavriana namens Giuseppe Amadei. Er durchforstete die Skelette nach auffallenden Besonderheiten, Verfor-

Das Ossarium von Solferino ist ein Turm von Babel, den der Tod errichtet hat.

mungen der Knochen, ungewöhnlich großen und ungewöhnlich kleinen Schädeln. Er suchte Zwerge und er suchte Riesen, er suchte Krüppel und Bucklige. Eifrig vermaß, notierte und protokollierte er. Es ist mir nicht bekannt, was aus dem Anthropologen geworden ist, doch scheint mir, er habe diese große Gelegenheit, die sich ihm bot, nutzen wollen, um sich einen Namen zu machen. Es war ja in der Tat eine einmalige Chance. Wer konnte schon auf Anhieb so viel Menschenmaterial untersuchen? Noch dazu aus so vielen unterschiedlichen Nationen? Vielleicht konnte er sogar beweisen, dass sich die Zugehörigkeit zu einer Nation im Knochenbau eines Menschen niederschlug. Gelungen ist ihm das nicht, sonst hätte man davon gehört. Doch stellte er aus seinen besonderen Funden ein „Kabinett der

Anomalien“ zusammen. Es ist in einem kleinen Seitenraum der Kirche zu besichtigen.

Da ich den Hunderten Totenköpfen aus dem Weg gehen will, die mich zu betrachten scheinen, trete ich in das seltsame Schaukästchen des Anthropologen Amadei ein. Die Dielen unter meinen Füßen knacken, durch das Fenster fällt Licht, ohne dass der Raum dadurch aufgehellt wird. Es ist still und es riecht nach Moder. Wenige Zentimeter von meinem Gesicht entfernt steht das Skelett eines buckligen französischen Soldaten. Ein Schild hängt vor seinen kahlen Rippen: Filippe Leporelle Gallo. So hieß der Mann. In der anderen Ecke steht das Skelett eines österreichischen Tamburins. Er war fast zwei Meter groß, für die damaligen Verhältnisse ein Riese, was Amadei veranlasste, ihn hier auszustellen. Der Riese bleibt namenlos. Zwischen den beiden Skeletten, auf Tisch und Regalen, sind Totenköpfe aufgereiht, manche besonders lang, manche besonders flach, manche besonders klein, manche besonders groß. Es wirkt, als wollte sich der Anthropologe Amadei für einen Jahrmarkt der Sensationen vorbereiten.

Ich gehe zurück in das Hauptschiff der Kirche. Der Balustrade entlang schreite ich die Totenköpfe ab, die hinter Gittern nebeneinander aufgereiht sind. Viele haben ein Loch im Kopf, von einer Kugel, oder einen Spalt von einem Kolbenschlag. Die tödliche Verletzung gibt einen Anhaltspunkt, wie der Betreffende gestorben sein könnte. Wenn das Loch oben am Kopf zu finden ist, dann ist der Soldat sehr wahrscheinlich beim Ansturm auf den

Hügel von Solferino gestorben; wenn sein Schädel an einer anderen Stelle zertrümmert ist, ist er wohl im Nahkampf mit dem Feind ums Leben gekommen; wenn ein ganzer Teil des Schädels fehlt, hat ihn vermutlich ein größeres Projektil getroffen. Doch das sind unzulängliche Versuche, den Tausenden hier Versammelten ein Stück ihrer Geschichte zurückzugeben. Auch wenn es nur die letzten Augenblicke ihres Leben sind, die man rekonstruieren kann, so enthebt man sie doch dem allgemeinen Gemetzel, in dem sie untergegangen sind. Dem Kriegsgott schmecken keine Menschen mit Namen, mit Adressen, mit Biographien. Wüsste er, wie der heißt, den er gerade verzehrt, der Betreffende bliebe wie ein Stachel in seinem Rachen stecken.

Ich verlasse die Kirche und gehe eilig den Kiesweg hinunter. Meine Reise nach Solferino geht zu Ende. Der Koffer ist schnell gepackt. Bevor ich das Zimmer verlasse, nehme ich das Tagebuch meines Urgroßvaters in die Hand. Ich schaue zum Fenster hinaus, auf den Platz, wo Annamaria mit dem großen Herzen vorbeigeht, auf die Zypressen, die hier so schlank wachsen wie nirgendwo sonst auf der Welt, auf den Kiesweg, der zu den Tausenden Totenschädeln führt, auf den Himmel, der blau ist und vielversprechend. Ich streiche über die rissige, lederne Haut des Tagebuchs. Es hat einen sehr weiten Weg durch Raum und Zeit zurückgelegt. Ich hoffe, dass seine Reise weitergeht.

Kärtchen zur Schlacht bei Solferino (24. Juni 1859).

Anmerkungen

1. Quarenghi, L'altra battaglia, S. 52.
2. Marocchi, Un piccolo borgo, S. 23.
3. Borghi, Ricordi di Solferino, S. 84.
4. Quarenghi, L'altra battaglia, S. 43.
5. Bocca, I Savoia, S. 204.
6. Martucci, L'invenzione dell'Italia unita, S. 84.
7. Martucci, L'invenzione dell'Italia unita, S. 29.
8. Roth, Radetzkymarsch, S. 6.
9. Palmer, Franz Joseph I., S. 130f.
10. Palmer, Franz Joseph I., S. 131.
11. Roth, Radetzkymarsch, S. 155.
12. Palmer, Franz Joseph I., S. 196f.
13. Dunant, Eine Erinnerung an Solferino, S. 20 *et passim*.
14. Quarenghi, L'altra battaglia, S. 78.
15. Quarenghi, L'altra battaglia, S. 145.

Literatur

Arch. Prof. Ing. A. Agostini, Castiglione nel 1859, Castiglione 1983

Mons. A. Besutti, La Patria di Virgilio, Cavriana 1995

Claudia Bocca, I Savoia, Rom 2003

Bruno Borghi, Ricordi di Solferino, Fotografie ed altro dei cent'anni dopo la battaglia, Montichiari, 2003; Solferino e San Martino, Guida ai Monumenti

Edward Crankshaw, Der Niedergang des Hauses Habsburg, Wien 1967

Henry Dunant, Eine Erinnerung an Solferino, Bern 1988

Antonio Gambino, Inventario Italiano, Costumi e mentalità di un Paese materno, Turin 1998

Eveline Hasler, Der Zeitreisende. Die Visionen des Henry Dunant, München 1998

Il Significato della Battaglia di Solferino, Istituto di Storia Contemporanea, Mantova 1992

Massimo Marocchi, Storia di Solferino, Solferino 1984

Massimo Marocchi, Un piccolo borgo detto Solferino, Circolo Culturale Monte Alto Solferino, Solferino 2008

Massimo Marocchi, Il Racconto della Seconda Guerra D'indipendenza, Udine 2007

Roberto Martucci, L'invenzione dell'Italia unita, 1855–1864, Milano 1999

Meyers Konversationslexikon (1885–90), 4. Auflage, Kärtchen zur Schlacht bei Solferino

Dr. Emilio Ondei, The International Red Cross Museum of Castiglione delle Stiviere, Castiglione 1989

Alan Palmer, Franz Joseph I. Kaiser von Österreich und Ungarn, München-Leipzig 1995

Nina Quarenghi, L'altra battaglia. Solferino e San Martino, tra relata e memoria, Verona 1999

Gustav Seibt, Rom oder Tod. Der Kampf um die italienische Hauptstadt, Berlin 2001

Joseph Roth, Radetzkymarsch, München 1985

A. J. P. Taylor, The Struggle for Mastery in Europe 1848–1918, Oxford 1954

Johannes Wilms, Napoleon III. Frankreichs letzter Kaiser, München 2008

Ortsregister

Namensregister

Ulrich Ladurner
Südtiroler Zeitreisen
Erzählungen
HAYMON taschenbuch 101
280 Seiten, € 12.95
ISBN 978-3-85218-901-7

Wo liegt Südtirol? Geographisch gesehen lässt sich diese Frage leicht beantworten. Vom Weltall aus ein kleiner Punkt, verlaufen die Grenzen im Norden entlang des Alpenhauptkamms, im Süden grenzt es an das Trentino. Aber wo sind die wahren Grenzen zu ziehen? Vielleicht gar im Inneren, entlang der Sprachgruppen?

In einer geistreichen Auseinandersetzung mit der Geschichte, Gegenwart und Zukunft Südtirols geht der ZEIT-Journalist Ulrich Ladurner diesen Fragen nach. Aus acht unterhaltsamen Episoden fügt er ein vielschichtiges, aufschlussreiches und oft auch provokantes Bild des Lebens in Südtirol zusammen.

„Ladurners Erzählungen sind aberwitzig realistisch ...“
Tiroler Gegenwartsliteratur, Helmuth Schönauer

„eine geistreiche Auseinandersetzung“
Sonntagsblatt

www.haymonverlag.at